歳の私は、クラスの男子から性被害を受けました。

扶桑社

5歳の私は、クラスの男子から性被害を受けました。

なんで言わないの？

／ CONTENTS ／

002
まえがき

007
なんで言わないの？

031
Column
大人が知っておきたい
「子ども同士の性被害」の実態

033
“思春期の性”、
あなたなら
どう向き合う？

068
Column
SOSを見逃さないで！
思春期の子どもたちと性被害

069
Column
親に相談できない…そんなとき
子どもが助けを求められる場所

071
おうちでの
性教育、
親はどう教える？

081
Column
小さな子どもへの性教育で
大切なことって何だろう？

083
10代を狙う
痴漢と戦った話

098
子どもと一緒に「性」について学ぼう！
「性教育の入門」におすすめの本

099
中1
伝わらない
性教育

103
Column
思春期の子どもと話し合おう！
大切な性行為と妊娠・出産のこと

105
子どもが
いじめられたら
親はどうする？

104
Column
もしも自分の子どもが
いじめにあっていたら…

126 ── あとがき

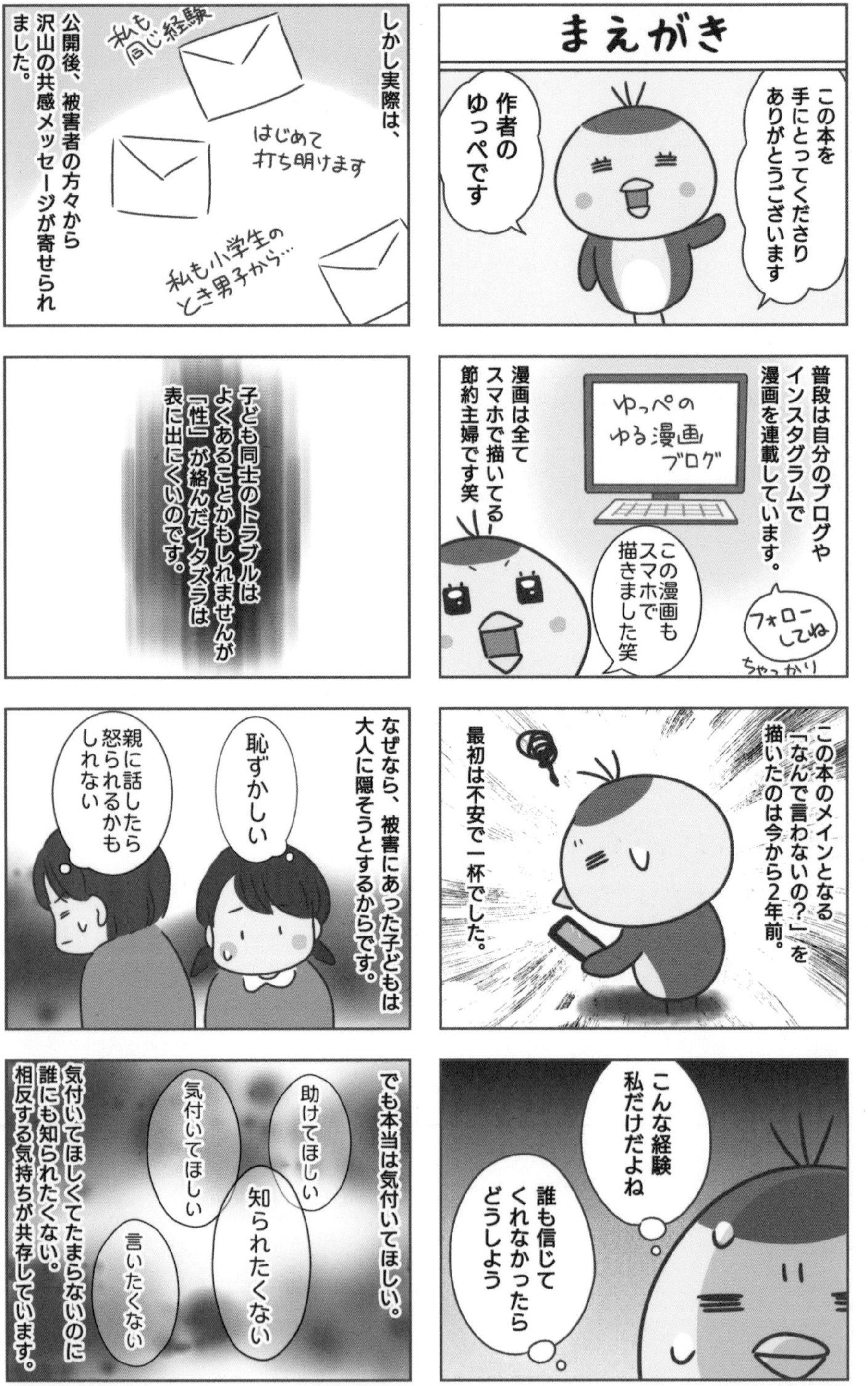

まえがき
この本を手にとってくださりありがとうございます
作者のゆっぺです
普段は自分のブログやインスタグラムで漫画を連載しています。
ゆっぺのゆる漫画ブログ
漫画は全てスマホで描いてる節約主婦です笑
この漫画もスマホで描きました笑
フォローしてね
ちゃっかり
この本のメインとなる「なんで言わないの?」を描いたのは今から2年前。
最初は不安で一杯でした。
こんな経験私だけだよね
誰も信じてくれなかったらどうしよう
しかし実際は、
公開後、被害者の方々から沢山の共感メッセージが寄せられました。
私も同じ経験
はじめて打ち明けます
私も小学生のとき男子から…
子ども同士のトラブルはよくあることかもしれませんが「性」が絡んだイタズラは表に出にくいのです。
なぜなら、被害にあった子どもは大人に隠そうとするからです。
恥ずかしい
親に話したら怒られるかもしれない
でも本当は気付いてほしい。
助けてほしい
知られたくない
気付いてほしい
言いたくない
気付いてほしくてたまらないのに誰にも知られたくない。相反する気持ちが共存しています。

被害者の方々は口をそろえて「一生忘れることは出来ない」と言っていました。
yuppel
漫画を描いたことで、多くの仲間がいることを知り、安心感を覚えました。
MeToo!
私だけじゃなかったんだ
もうとっくの昔に傷は癒えているはずなのに。
今どんなに幸せでも、トラウマなんかないと思っていても、
みんなからもらったこの思いを無駄にしたくない
もっと多くの人に知ってほしい
心に負った傷は、いつまでも「記憶」として残り続けるのです。
被害にあった人たちにあなたは一人じゃないってことを伝えたい
今この瞬間も悩んでいる子がいるかもしれないってことを大人たちに知ってほしい
私は封印していた「記憶」を漫画にして吐き出すことで傷ついた心を受け入れることができました。
そんな思いをこの一冊に込めました
どうぞご覧ください

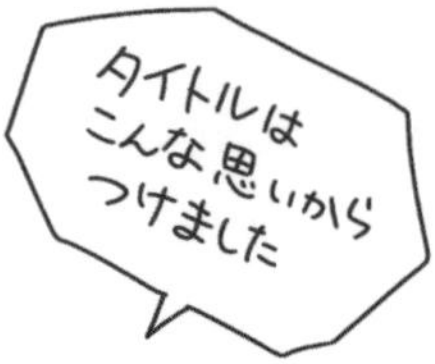
タイトルは
こんな思いから
つけました

いじめられている子どもは
周りに隠そうとします。
親や先生に注意してもらえば
解決するのに、
「なんで言わないの？」
と、不思議に思う方もいるでしょう。

私もつい、自分の子に言ってしまった
ことがありました。
言えなかった気持ちを一番知ってるのは
自分のはずなのに…

なんで言わないの？
言われた側と
言った側
どちらを想像しましたか？

なんで言わないの？

この作品は、著者のゆっぺが30年以上前に体験した実話です。現在の幼稚園や保育園での対応とは異なります。
また、当時の幼稚園や保育園で働く先生方を批判するものでもありません。

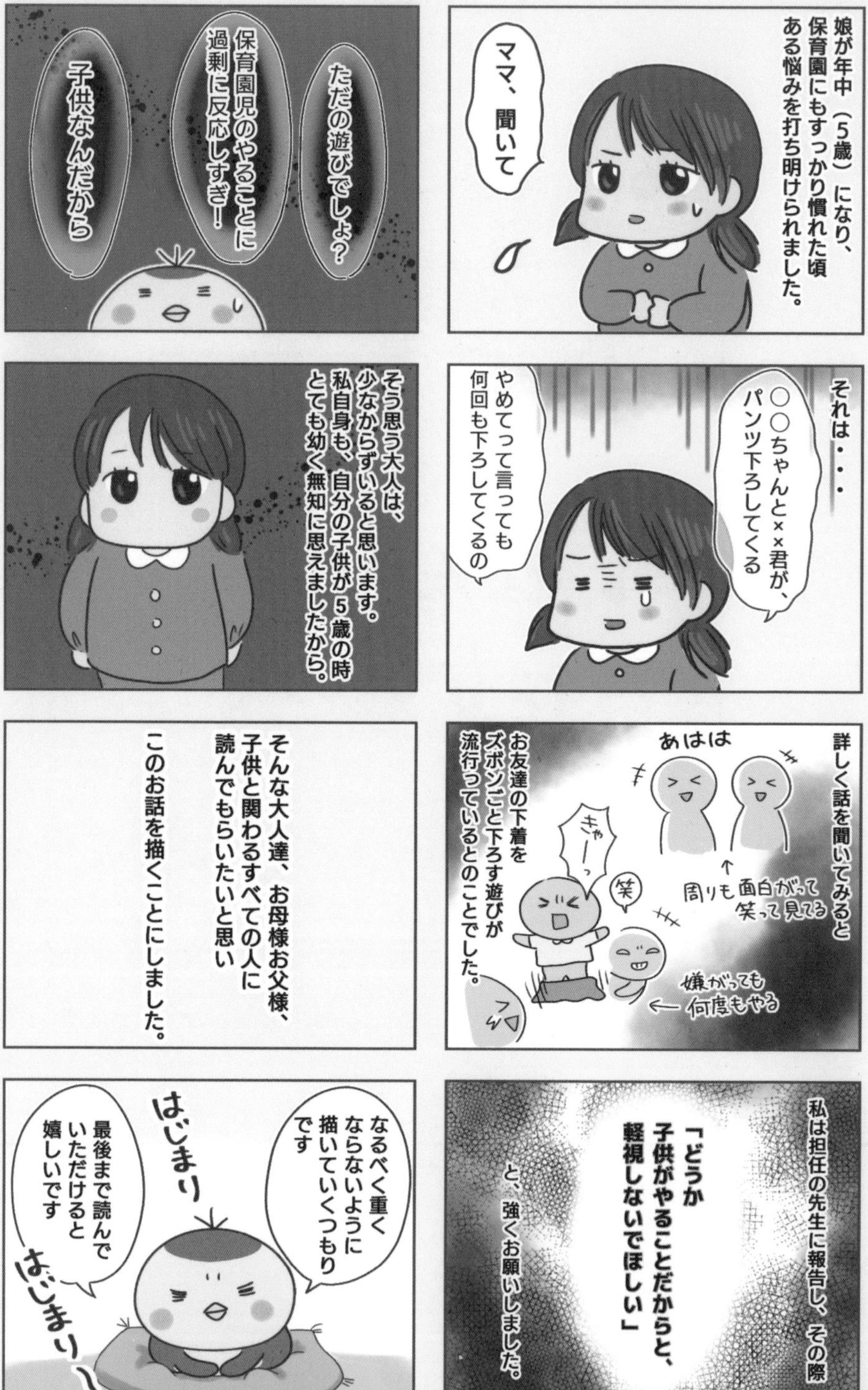
娘が年中（5歳）になり、
保育園にもすっかり慣れた頃
ある悩みを打ち明けられました。
ママ、聞いて
ただの遊びでしょ？
保育園児のやることに
過剰に反応しすぎ！
子供なんだから
それは・・・
○○ちゃんと××君が、
パンツ下ろしてくる
やめてって言っても
何回も下ろしてくるの
そう思う大人は、
少なからずいると思います。
私自身も、自分の子供が5歳の時
とても幼く無知に思えましたから。
詳しく話を聞いてみると
あはは
周りも面白がって
笑って見てる
きゃーっ
笑
嫌がっても
何度もやる
お友達の下着を
ズボンごと下ろす遊びが
流行っているとのことでした。
そんな大人達、お母様お父様、
子供と関わるすべての人に
読んでもらいたいと思い
このお話を描くことにしました。
私は担任の先生に報告し、その際
「どうか
子供がやることだからと、
軽視しないでほしい」
と、強くお願いしました。
はじまり
なるべく重く
ならないように
描いていくつもり
です
最後まで読んで
いただけると
嬉しいです
はじまり〜

私は3歳まで、共働きの両親に代わり、祖父母に面倒をみてもらっていました。
3世帯の大家族
じいちゃ
ばあちゃ
のんびりとした田舎町、大自然の中で自由に遊びまわる毎日。
お花～
あっちの畑行ってみよう
遊び相手は双子の妹。同い年のお友達と関わる機会はほとんどなかったと記憶しています。
そんな蝶よ花よと育てられた3年間にある日突然 終止符が打たれます。
はは
パパの転勤が決まったよ
これからはおばあちゃん達と離れて暮らすからね
え？
父の異動が決まり、祖父母の家から遠く離れた土地へ引っ越すことになったのです。
当時は片道4時間かかった・・・
ド田舎
約170km
アパート
ガーン・・・
物凄くおばあちゃん子だった私達。
しくしくしく
しくしくしく
無。
ううう おじいちゃ・・・
めちゃめちゃめっちゃめちゃめちゃ悲しくて悲しかったです。語彙力。
新しい生活はそれまでの暮らしと一変。
見知らぬ土地、狭いアパート暮らし。
優しかった祖父母はいません。
これまでほとんど育児に関わらなかった父に対しても強いストレスを感じていました。
父が帰宅すると緊張の糸が張りつめる
ピリッ
・・・
・・・
母のことは大好きでしたが、父は怖くて堪らない存在でした。
そして一番憂鬱だったのが初めての幼稚園デビュー!!
ペカーーッ
ドキドキ
私は年中（5歳）から入園したのでクラスの輪が出来上がっている中へ入っていく感じでした。
しかも妹とは別のクラス・・・不安でいっぱいでした。

はいっ! 今日からこのクラスのお友達になるゆっぺちゃんです!!
みんな仲良くしてあげてねっ
ドキドキ
ドキドキ
これが ボス太郎との出会い、つらかった園生活の幕開けです。
はははじめましてぇ ゆっぺです
……
ゴゴゴゴゴ…
年中クラス入園2日目。私の通う幼稚園は、週に一回お弁当持参の日がありました。
初めて食べるお弁当に心躍らせる私。
ふんふ～ん
すると・・・
すっ…
好きなおかず沢山入ってる
ごそごそ
!?
ふりかけだよ～笑
パラ
パラ
隣の席の男の子（ボス太郎）が私の白ご飯に上履きの中のごみをふりかけてきたのです。
ふるふる
固。
はいっ 反対のくつもどーぞ
どうも
こらーっ!
ボス太郎君!! 意地悪しちゃダメでしょ!!
このとき 先生がすぐに気付いて注意してくれ、

汚れたご飯の代わりにボス太郎のご飯を半分わけてもらうことになったのですが・・・
ゴゴゴ…
俺の飯・・・
・・・・
この時 ボス太郎に 完全にロックオンされたのがわかりました。
俺の飯
どろぼー
ゴゴゴ
〇〇キックだ 参ったか!!
おらっ おらっ
・・・
なんて野蛮な人なんだ・・・
おばあちゃんは絶対にこんなことしなかった
都会にはこんな狂暴な人間がいるのか
私は「嫌だ」とか「やめて」が言えない子供でした。
おらっ おらっ
・・・・
嵐が過ぎるのを待つ…
ゲシ ゲシ
お弁当事件で、「ゆっぺは反抗しない子」だと認識したのか、次の日からボス太郎のいやがらせ行為が始まりました。
ぶーすっ
ぴっ
ビシッ
物を隠される、捨てられる。
参観日に向けて作った展示物を壊される。
まだ出来てないの？
早く完成させてね？
先生
何度も何度も 作る度に壊されて未完成の状態で飾られたことも。
ボス太郎はいわゆるクラスのいじめっ子。私の他にも被害者は沢山いたかもしれません。
やめて
ただ私は 意地悪されていることを先生や母親に言うことができませんでした。
言えなかった心情については後に詳しく記述しますが、母との信頼関係が無かったから相談出来なかったのでは決してありません。
明日はお弁当の日だねー
うん…
人参入れないでね

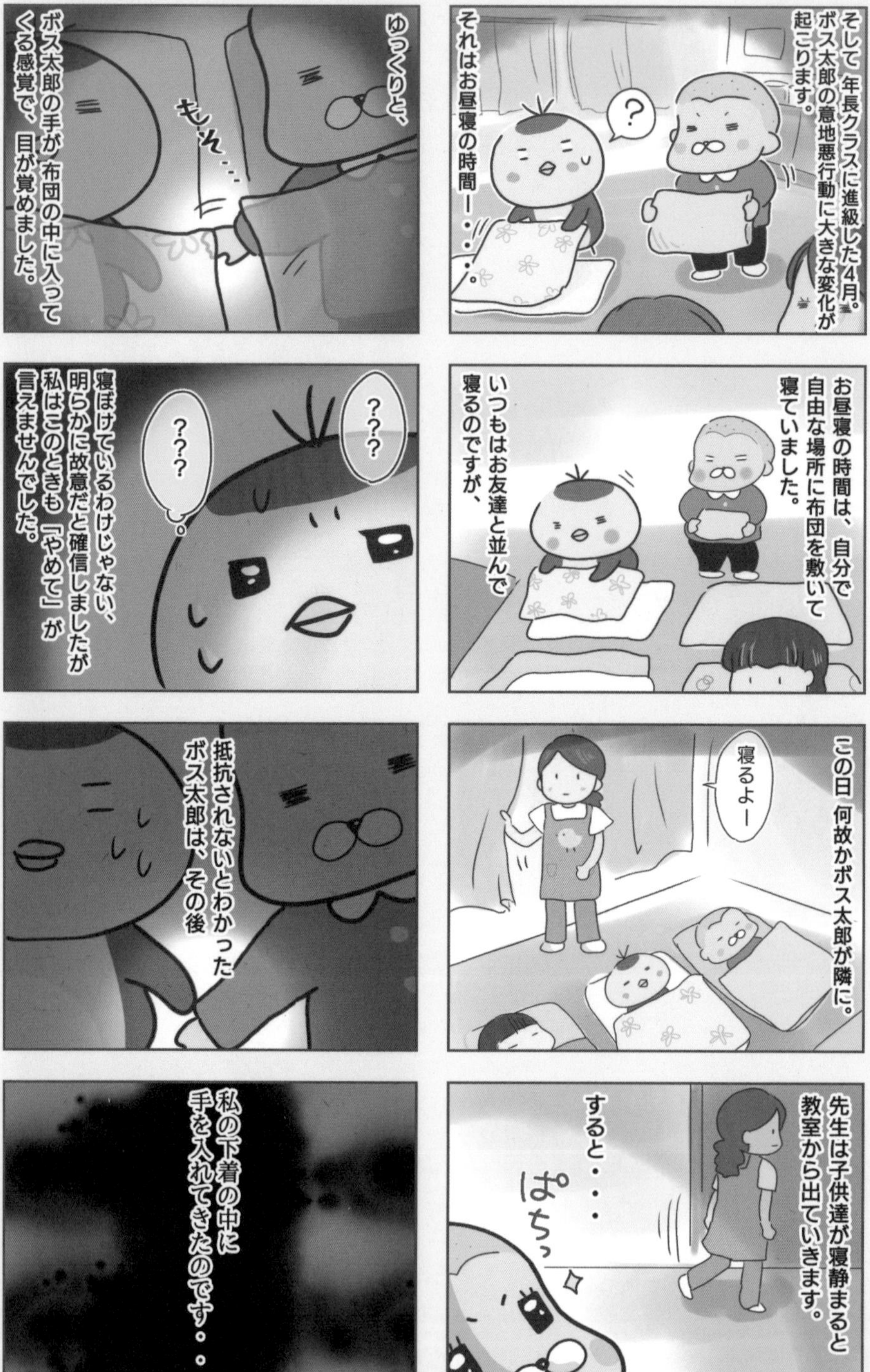
そして 年長クラスに進級した4月。ボス太郎の意地悪行動に大きな変化が起こります。
?
それはお昼寝の時間ー・・・
お昼寝の時間は、自分で自由な場所に布団を敷いて寝ていました。
いつもはお友達と並んで寝るのですが、
この日 何故かボス太郎が隣に。
寝るよー
先生は子供達が寝静まると教室から出ていきます。
すると・・・
ぱちっ
ゆっくりと、
もそ・・・
ボス太郎の手が 布団の中に入ってくる感覚で、目が覚めました。
???
???
寝ぼけているわけじゃない、明らかに故意だと確信しましたが私はこのときも「やめて」が言えませんでした。
抵抗されないとわかったボス太郎は、その後
私の下着の中に手を入れてきたのです・・・。

下着に手を入れられてもなお
私は「やめて」と言うことが
出来ませんでした。
身体をよじらせ手から離れようと
しましたが、ボス太郎はしつこく
入れてきました。
今、「やめて」って
大きな声出したら、
みんな起こしちゃう
やめてっ
静かにしてー
なんだなんだっ？
何があったのー？
注目されたくない
みんなに知られたくない
恥ずかしいことをされている
自分を周りに知られたくない
自分が我慢すれば 何事もなく
過ぎていくはず。
騒いで事を大きくしたくない。
（学生時代、痴漢にあって
何度か泣き寝入りした時の心情も
これと似ていました）
お昼寝中だろうが何だろうが、
大声で
やめて!!
が言える子もいれば、
泣いて意思表示ができる子も
いると思います。
でも、恐怖や恥ずかしさで
我慢してしまう子もいるんです。
それは大人でも同じで、
痴漢被害にあっても
泣き寝入りしてしまう人が
多数存在しています。
20分程して先生が戻ってくると
ボス太郎は手を戻し寝たふり。
z
気付いてほしいけど言えない
その後もボス太郎は、
何事もなかったように
普通に過ごしていました。
先生に気付いてほしくて、
わざと目を開けて先生の方を
向いてみたけど、
気付いてもらえず・・・
じっ…
知られたくない
けど 気付いてほしい
普段の幼稚な意地悪と、
お昼寝のときの意地悪は違う。
性的な意味が含まれているのだと
子供でもハッキリとわかりました。
へへっ
ボス太郎へのイメージが
単なる「嫌なやつ」から
「恐怖」へと変わった瞬間です。
ズウウウウン
当然母にも言えず、
家でも普通に過ごし、平静を装い
ました。
おいしー
おいし
でも、
大好きな唐揚げが
美味しく感じない
その日の夕食は
味がしませんでした・・・。

その日以降、お昼寝の時間は毎回触られるようになりました。
移動してもついてくる
お昼寝の時間が嫌で嫌でたまらない。
我慢し続けたある日の朝、私はどうしようもないイライラが急に爆発しました。
幼稚園行きたくないっ!!
どうしたの??何か嫌なことあった?
・・・・・・お休みしたい
当然母は心配して理由を聞いてくれますが、話すことができません。
ばぶ
泣いてる!笑
・・・・やっぱなんでもない
へへっ
我慢しなくていいからね、言えるなら言ってごらん
言うのが恥ずかしい気持ちと、当時母は一番下の妹（1歳）のお世話で大変そうだったので、これ以上わがままを言って困らせてはいけないという気持ちもありました。
お弁当食べる時間が好きじゃない・・・から……
でもやっぱ行く
にんじん入れないで
行きたくない理由を話さないといけないと思い、しぼりだした案が「お弁当」笑
気づいてほしかった。言えるチャンスだったのに。
じゃあ次のお弁当は美味しいおかずいっぱい入れるね
うん
私は自ら蓋をしてしまいました。
気づいて欲しいわずかなサイン。今の母なら間違いなく気付いてくれると思います。
当時の母は、妹のお世話で大変な時だったので、上の子にまで目がいかなかったのかもしれません。
私は幼少期はとても聞き分けのいい大人びた子供でした。
良い子でいなくちゃ
家の中では『しっかりしたお姉ちゃん』でいたかったのだと思います。

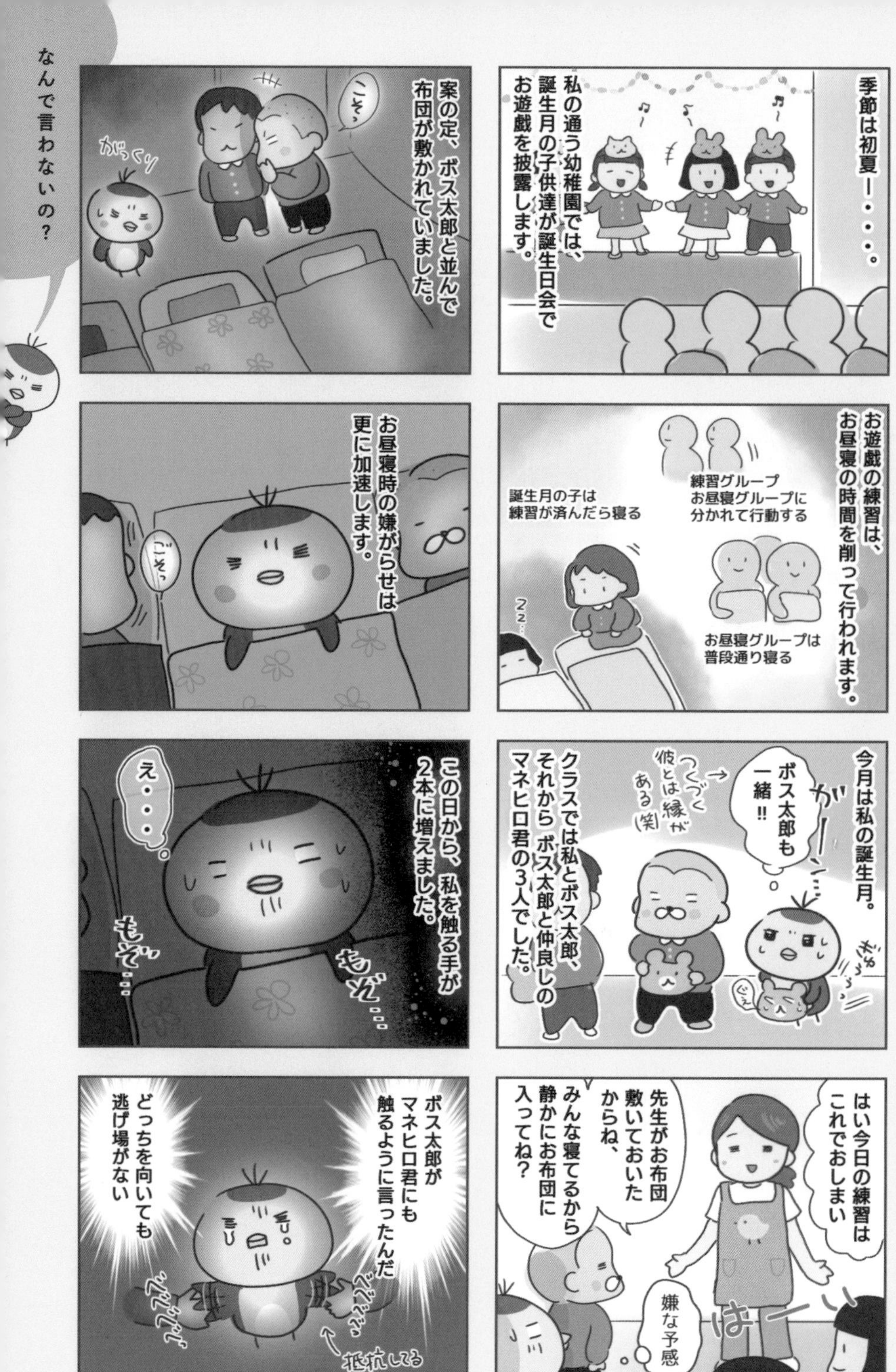
なんで言わないの？
季節は初夏ー・・・。
私の通う幼稚園では、誕生月の子供達が誕生日会でお遊戯を披露します。
お遊戯の練習は、お昼寝の時間を削って行われます。
練習グループ
お昼寝グループに分かれて行動する
誕生月の子は練習が済んだら寝る
お昼寝グループは普段通り寝る
今月は私の誕生月。
ボス太郎も一緒!!
がーん
彼とはつくづく縁がある(笑)
クラスでは私とボス太郎、それからマネヒロ君の3人でした。
はい今日の練習はこれでおしまい
先生がお布団敷いておいたからね、みんな寝てるから静かにお布団に入ってね？
はーい
嫌な予感
案の定、ボス太郎と並んで布団が敷かれていました。
こそ・
がっくり
お昼寝時の嫌がらせは更に加速します。
ごそっ
この日から、私を触る手が2本に増えました。
え・・・。
もぞ…
もぞ…
ボス太郎がマネヒロ君にも触るように言ったんだ
どっちを向いても逃げ場がない
べべべ
抵抗してる

誕生日会の練習期間中、ずっとこれが続きました。
当然 お昼寝なんて出来ません。
先生が戻るとサッと手を引っ込めるので、自分が悪いことをしている自覚はあったはずです。
私はなんとかお昼寝の時間を避けようと、嘘をつきました。
先生、お腹痛くてお弁当食べられない……
帰りたい
ふるふる
←演技
ゆっぺちゃん！お弁当の時間が嫌いだからって、嘘ついたらダメよ？
もーっ
バレた
前に母に「お弁当の時間が嫌い」と言ったことが先生に伝わっていたらしく、軽くあしらわれました 笑
その日のお弁当は 可愛いキャラ弁になっていました。
ママ・・・・
私がお弁当の時間が嫌いって言ったから・・・
ママのせいじゃないのに・・・ごめんなさい
うっ
うっ
そんなに嫌なのかしら…
ホロリ
母の優しさが伝わってきて、泣くのを必死に堪えながら食べた記憶があります。
ボス太郎は、マネヒロ君と二人で攻撃してくるようになりました。
いざ行かん
仲間を得たボス太郎は更にパワーアップ!!
今までお昼寝中だけだった行為が別の時間にも行われるようになったのです。
おいっ
ちょっとこっち来い
私の通う園では、朝の10分間、先生たちが職員室に集まり朝礼を行っていました。
ボス太郎はいつもその時間を狙って、私を外へと連れていきます。

みんなに知られないように。また、私も知られたくなくて言うことを聞いていました。
泣いたりしたらぶっころす!!
まるでヤクザ
そのうち触るだけではなく自分のモノも触らせるようになりました。
やめてーーっ!!
ぐい
帰りたい。
先生に言ってお母さんに迎えにきてもらおう。
汚い、
悪化していく状況を打開すべく私は先生に打ち明けてみることにしました。
一人だ・・・今だっ!!
しかし今思えば、完璧にタイミングを誤りました・・・笑
先生、聞いてー
何？
トゲ
あれ、いつもと様子が違う・・・
圧！
話しかけんなオーラ
あの・・・お昼寝のときにボス太郎君が意地悪してくる
やめてって言ってもやめてくれない
で？
はぁ
え？えっとだから、
ママに迎えに来てほしい・・・
唐突

それはダメ
あのね、先生も今日頭が痛いけど頑張ってお仕事してるんだよ?
ガーン
意地悪ってなにされたの?
・・・
もし話したらボス太郎たちは先生に怒られるのかな?
ものすごく怒られたらどうしよう
可哀想かな
もや もや
余計な同情心が出てくる
みんなの前で発表されたらどうしよう・・・
ゆっぺちゃんが○○を触られたり触ったりしてました
良い子のみんなは真似しないでね!!
は
余計な心配や不安から、
お布団の中に入ってきたりとか触ったりしてくる
曖昧な言い方をしてしまいました。
触る?触るってどこを?
くすぐってくるってこと?
ううん! お尻触ってきたりとか それに○○見せてきたりする・・・
ドキ
ついに言ったぞ~
ドキドキ
ぷっ
あのね、ゆっぺちゃん ボス太郎君が意地悪するのは理由があるのよ
えっ!?
男の子ってね、
好きな子には意地悪しちゃうものなんだよ!

えっ⁉
違うよぉ‼
照れない照れない
⁉?
「子供のやることだから」「悪意はないから」許してね
という言葉を、私が親の立場になってから何度も耳にしてきました。
男の子だから仕方ない
このセリフもめっちゃ聞く
先生が確かめてあげようか‼
ボス太郎くーん！
わーっ‼
やめてやめてっ‼
悪意は無い
でもこれって、加害者側や周りの大人の都合のいい言い分であって被害者の子供のことは何も考えていないのだなと思います。
仮に、ボス太郎が私を好きだから意地悪をしていたとしても、私がそれを受け入れなければならない理由にはなりませんよね？
ボス太郎君はね本当はゆっぺちゃんと仲良くしたいだけなの
素直になれないだけなんだよ
だからゆっぺちゃん許してあげてね？
……なんで？
ブログでこのお話を描き始めてから被害者の方たちからDMを頂くようになりましたが
同じような経験をした方が沢山いることに驚きました‼
衝撃のスクープです！
カツラ
今だったら、「意地悪するのは好きの裏返し」「好きな異性に意地悪する」そのような気持ちが存在することは理解できます。
ボス太郎の場合は単純に興味本位だったと思いますが
でも、やられた側の気持ちはどうなるの？？
親や先生に被害を訴えても、真剣に聞いてもらえなかったというDMを沢山いただきました。
勘違い、気のせいでしょ
ふざけてるだけだよ、気にしすぎ‼
大人
大人

例えば、「好きな子に意地悪説」を軽くみている大人は沢山いると思うのですが、
では、仮に!!
これが子供じゃなくて大人だとして考えてみましょう
その他、親は信じてくれたけど、加害者の親が受け入れなかったという例も。。。。
うちの子がそんなことするわけないっ!!
子供なのにあり得ない
自意識過剰
男の子だからやんちゃなのは当たり前!! いやらしい意味に捉えるほうがおかしい
ただの被害妄想
愛してるのになんで逃げるんだよ!!
DV男
ただ仲良くしたいだけなのに何でわかってくれないんだ!!
素直になれないだけなのよ、許してあげてね?
悪気はないからがまんしてね
私は、危害を加えている子の親がきちんと子供と向き合わないのなら、その子は加害者であってもある意味 被害者のようなものだと思っています。
いやあああ
歪んだ愛情を肯定するって恐ろしいですねぇ
悪いことは悪いと教えてあげるのも愛情!!
性的な問題行動を注意されないまま育ってしまう子の行く末が心配です
余計なお世話だけど…
ちょっとオーバーに例えてしまいましたが、危害を加えた子供を注意せず『まだ子供だから』と許すのは被害を大きくするだけだと思います。
性的な問題行動ならなおさらです!!
脱線したので話を戻します。
先生に笑って済まされた私はその後 二度と助けを求めることはありませんでした。
男の子ってそーゆーもんなのよ
もう二度と話すまい…

そうこうするうちに ボス太郎は
更に仲間を増やし、最終的には
三人から性的な嫌がらせを
受けるようになりました。
ぱわーあっぷ！
私はトイレを我慢するクセが
ついていました。
大丈夫？
無の境地
何故なら、
あーもう
我慢できない
すくっ
だっ
だだっ
ご存知の方も多いと思いますが、
園児用のトイレの扉は
大人が安全確認できるように
上部が空いています。
上から大人が覗ける高さ
子の安全を
すぐに確認できる
為らしいです
私の通っていた園のトイレは、
男女一緒で上下が大きく空いて
いました。
どんっ
がんっ
ボス太郎達は、ここから私の
排泄行為を覗くようになった
のです。
にやにや
はやく
しろよ～
にや
キキ
自尊心
ズタボロ
気持ち悪くて恥ずかしくて
たまらない。
周りのお友達も薄々
わかっていたと思います。
そう思うと余計に恥ずかしくて
みじめで・・・
そんな自分を知られたくなくて
私は誰にも相談できなくなって
いました。

ここまでの漫画をブログで発表した際、自分もトイレを覗き見されたというDMが多数寄せられました。
幼稚園保育園のトイレは男女一緒だったり、カーテンで仕切るだけのところもあるので、比較的簡単に覗けてしまいますが、
これは 園児の安全を守るために必要な対策なので、園側に問題があるわけではなく、日本では普通のことです。
※だからこそ大人の見張りも重要!
まだ自分でおトイレが出来ない小さいうちは大人の助けが必要ですが、
トイレは一人で入るもの
他人が使っているトイレには入ってはいけない覗くのもダメ
という常識は 小さいうちから教えておくことが大事ですよね。
NO
だめ!!
ただ、大人が教えても悪いことと分かっていて
わざと覗いたり触ったりする子は
います!
これは私の実体験と、多く寄せられたメッセージから断言できます!!
大切なお子様を加害者にも被害者にもしないために、
子供だから性的な意味はないと受け流すのではなく、注意深く見ていくことが大切だなと思いました。
さて、私のクラスの中にはそれはそれは可愛らしいA子ちゃんという子がいました。
劇をやるとしたら間違いなくお姫様役
村人
ボス太郎は A子ちゃんにも魔の手を伸ばそうとしましたが・・・
スカートめくり!!
やめて
A子ちゃんは 涙を見せることでボス太郎たちに意思表示をしました。
やべっ
せんせーっ!! A子ちゃんが泣いてる
泣くことが出来ればもしかしたら私も ここまでしつこくされなかったかもしれません。
ボス太郎たちは、悪いことをしている自覚はあるものの、それがどの程度いけないことなのかわかっていなかったと思います。
A子ちゃんは泣いたことで食い止めることが出来ました。
やば…

それでも私は泣くことができなかった。
自分が我慢すれば丸く収まると思っていました。
騒ぎを大きくしたくないから我慢して収まるなら我慢する。
スカートめくりであんなに大事になるなんて・・・
親にも先生にも言えず、この頃の私は いじめられている自分を必死で隠そうとしていました。
親に隠すー・・・。そこには子供によって様々な理由があると思いますが、私の場合は、父の存在が大きく関係していたように思います。
ただいま
いるだけで怖い存在
今でこそ普通に話せますが、幼少期は父が怖くてたまらない存在でした。
ゆっくり食べていると怒られるので早食い。カレーの日はおかわりしないといけないルール
(沢山食べろよという父なりの愛情と思われる)
ガッ
ガツッ
我が家では一番偉い人であり、逆らうことは絶対にできませんでした。
父の前で泣き言など言えば「やり返せ！」と叱られるだけだと分かっていました。
そこっ内股!!
柔道がめちゃくちゃ強かった父！よく姉妹で柔道をやらされてました 笑
受身とれっ
そして、先生に笑って済まされてしまったことでまた馬鹿にされるんじゃないかという気持ちも強く父には絶対に知られたくなかった。
ふっ
母が知ったらきっと対処してくれたはずです。
でも私は、母にも徹底して隠していました。
「何かあったの？」と尋ねられるような状況になった時も、
絶対に話すことはありませんでした。
母に心配かけたくないからというよりは、恥ずかしい自分を知られたくなかったからだと思います。
恥ずかしいことをされている自分を知られたくない

※イラストでは省略してますが
服着てる設定でお願いします 笑

先生ぇー
ゆっぺがトン吉の
こと押したー!!
何でそんなこと
したの？
・・・・・
ボス太郎君たちが
ゆっぺちゃんに意地悪
したんじゃないの？
してないよ
もー
仲良く遊ばなきゃ
ダメよ？
お絵かきの時間に
なるから もう
教室入るよー
さー行くよー
ぴたっ
くるっ
うおいっ
トン吉 殴ったこと
許さないかんな!!
次の日、私は仮病を使い
幼稚園をお休みしました。
幼稚園をお休みした翌日。
今日もお休み
したかったな
すっ
・・・

あれ？
いつもと様子がちがう…？
毎朝 先生の朝礼時間に意地悪をされていたのですが、この日 ボス太郎達は何もしてきませんでした。
B作くんとC子ちゃんは大人しく静かな子で、ボス太郎はこの二人にもよく意地悪をして泣かせていました。
…
昨日、二人のお母さんたちが先生に教えてくれました!!
…
しぃーん
はいっ！みんな ここに集まってください
先生から大事なお話があります!!
B作くん、C子ちゃん、何をされたか皆に教えてもいい？
…
こくん。
え!!!?
先生は、いつになく硬く険しい表情でした。
？？？
しーーん
昨日、ボス太郎君とマネヒロ君が
B作君のお尻の中に石を入れました!!
昨日、B作くんとC子ちゃんがお友達にイタズラをされました!!
C子ちゃんはお尻に粘土を入れられました!!

昨日、ボス太郎たちは休んだ私の代わりにこの二人をターゲットにしたのです。
やめて〜
しかも、私にしたことよりもさらに酷いことを!!
……
くすくす
お尻だってきたなーい
誰ですか笑ってる人は!?
パンツの中は大事なところです
お友達の大事なところは勝手に触ったり見たりしてはいけません!!
びくっ
二人は泣いていました。
…
うっうっ
二人は今、どんな感情なんだろう。
意地悪されたことを思い出して泣いてる？
それとも 安堵の涙？
私には、皆の好奇の目に晒されて、みじめで恥ずかしくて泣いているようにしか見えなかった・・・。
この中で、自分も意地悪されたことがあるって人はいますか？
もしいたら手をあげてください
ドッドッドッ
先生、私もボス太郎君に意地悪された！
はーいっ!!
言うなら今だよね？
ドッドッ
でも・・・。
皆に好奇の目で見られる
恥ずかしい
やり返せ強くなれ
先生から親に伝わる
父に怒られる

いませんか⁉
この状況で言い出せる勇気もなく、
私は黙って座っていました。
し～ん…
ずるっ
それでは今から
ボス太郎君と
マネヒロ君に、
謝ってもらいます‼
二人とも前に
出てきなさい‼
恥ずかしい
でしょう⁉
自分がしたことが
どんなに恥ずかしい
ことかわかった⁉
尻
…
し～ん…
先生は皆の前で ボス太郎の
丸出しになったお尻を
叩き始めました。
パーン
パーン
パーン
パーン
それを無言で見守る
園児たち・・・
ボス太郎達を皆の前に
立たせた先生は次の瞬間ー・・・
この二人には、
同じことをして
反省してもらい
ますっ‼
あんなに怖い存在だった
ボス太郎が、
涙を流しながら
お尻を叩かれている姿を見て、
何とも言えない気持ちになりました。
パーン
パーン
パーン

※30年以上前の話です。

皆の前でお尻を叩かれたボス太郎たち、
ごめんなさい・・・
顔を真っ赤にしながら謝罪したのでした・・・。
ごめんなさいぃぃ
先生のこの叱り方が正しかったのかはさておき、
・・・
これがきっかけで、ボス太郎達からのイジメはピタリとやみました。
この件に関して、園から家庭に報告されることはなく私も母には一切話さなかったので、母がボス太郎からのいじめを知ったのは私が成人してからです。
母はこの漫画で、当時の詳細な出来事を知ることになるのですが
あの時、気づいてあげられなくてごめんね・・・
全然大丈夫！別に今トラウマがあるとかじゃないし！
ズキッ
このとき何故か涙が出そうになった。そんな自分に驚きました。
というのも、私はこの漫画を描くまで自分が傷ついていたという自覚が全くなかったのです。
辛かった気持ちはとうの昔に消えていて、普通に恋愛して今幸せに生きている。トラウマなんて全くない。
そう思っていました。
でも、描きながら悲しくもないのに涙が出て来る事が何度もあって
私は気持ちを封印していただけで無意識ながらもしっかり傷ついていたのだとわかりました。
いじめも性被害も被害者の大半は、自分から被害にあったことは言えません。自ら言わない選択をします。
下手に手を出されて状態が悪化するくらいなら、知られないほうがいい。
相談したけど真面目に聞いてくれなかった。また傷つくくらいならもう誰にも言わない。
恥ずかしいみじめだ
知られたくない
がまんする
そんな被害者、元被害者に対して何も知らない大人達はこんな疑問を投げかけます。

なんで言わないの？
なんで言えないんでしょうね
完

「なんで言わないの？」あとがき

by ゆっぺ

私がこの作品をブログで公開したあと、自分も性暴力、性被害を受けた
というたくさんの方々からメッセージをいただきました。
そこにはさまざまな被害の様子が書かれていて、
なかには目を覆いたくなるような体験談もありました。
隠れた被害者がこんなにもいることに、ただただ驚きました。

今回、私が描いたのは「子ども同士」の性被害でしたが、
大人から受けた性被害を含めると、その数は計り知れません。
また、女の子だけではなく、男の子が被害に遭ったお話もありました。
性暴力、性虐待の被害は、男女関係なく起こり得ることです。

被害者の方は、口を揃えて「一生忘れることはできない」と言います。
幸いにも私は、なんとか平穏な暮らしを取り戻すことができましたが、
当時の記憶は死ぬまで忘れることはないでしょう。
でも悔しいことに、加害者は、忘れてしまうことが多いと思います。
被害者に対して「自意識過剰だ、考えすぎだ」
などと本気で言っている人がいることも事実です。
性被害で一生苦しむ人間がいることなんて、想像できないのでしょうね……。

日本は「性教育後進国」だと言われています。
そんな日本では、被害に遭った子どもが誰かに助けを求めにくく、
そしてそんな子どもたちがいることはあまり知られていません。
でも、子ども同士の性的な問題行動・性被害は起こり得ます！
まずは大人がそれを理解し、
子どもにも教えていかなければならないのではないでしょうか。

大人が知っておきたい「子ども同士の性被害」の実態

答えてくれた人：公認心理師・臨床心理士　鶴田信子さん

小さな子ども同士でも、性被害って起こるの？

子ども同士の性被害の実態について、データや調査で明らかにされていることは少ないです。でも、**被害者支援の現場に寄せられる声はとても多いんです。**幼稚園・保育園に通う子どもの被害もありますし、小学生以降になるとその数はさらに増えます。集団でパンツをおろすなどの行為は「いじめ」の言葉で片付けられがちですが、これも性暴力です。

そして、**保育園児・幼稚園児でもレイプが発生しています。膣内性交に加え、男女を問わず、肛門性交や口腔性交（口を使って行う性行為）といった性被害も存在します。**小学生から就学前の子どもに対して行われたケースもあります。

加害者は上級生や近所のお兄ちゃん・お姉ちゃんなどさまざまです。きょうだい間での性暴力も少なくありません。**小さな子どもたちの深刻な性被害がたくさん報告されている**ことを、大人の皆さんにも知ってほしいと思います。

「なんで言わないの？」子どもが性被害にあったとき、大人に言えない理由

性被害にあった子の多くは、そのことを親や周囲の大人に伝えることができません。なぜなら、小さな子どもの場合、**自分がされたことに対して違和感を覚えても、それが「性被害」だとわからない**からです。「悪いことをされている」と認識することで、初めて周囲の大人に伝えられます。

そして、思春期に近づき自分が性被害にあったと認識できるようになると、今度は「言いたくない」と隠してしまいます。自分が性被害にあったことを親に知られるのが恥ずかしい、事実を伝えたら親に怒られるかもしれない、親や大人に被害を伝えたら大ごとになってしまうと悩み、ひとりで抱え込んでしまうのです。そのため、**思春期の性被害はより大人に報告されにくくなります。**

子どもたちの性被害に気づく方法は？言葉にならない「サイン」を見逃さないで

子どもから親や周囲の大人に対し、性被害にあったことを伝えるのはかなり難しいと思います。ただし口にしなくても、被害にあった子どもたちは日常生活の中で、抱えている辛さが「体の症状」や「行動の問題」として現れることがあります。

お子さんの様子がいつもと違うなと感じるときは、ちょっとした声にも注意深く耳を傾けてあげてください。

また、ひとつの性被害が発覚した場合、それ以外の被害も起きている可能性があります。被害を受けた子どもが言っていないことや、言えないこともたくさんあるので、何が起きているのか慎重に見守る必要があります。

もしも、自分の子どもが性被害にあったら？

被害にあってしまったお子さんへの接し方で大事なのは「**探ること**」ではなく「**受け止めること**」です。もしも子どもが少しでも被害について口にしてくれたら、**「話してくれてありがとう」と伝えてあげてください**。

親にとってもショックなできごとですが、発する言葉は慎重に。事実を受け止められない気持ちが先走って、「うそでしょ!?」「そんなわけない」という言葉が出てしまうこともありますが、これらは禁句です。親にこう言われると、子どもは「自分の話は信じてもらえない」と思うようになり、二度と口を開いてくれなくなります。

どれほど動揺したとしても、話してくれたことへの感謝の言葉とともに「**あなたは悪くないよ、悪いのは相手だよ」ということを、まずは伝えます**。その上で子どもが安心して過ごせる環境をつくってあげてください。

子どもの性被害、最初にどこへ相談するべき？

性被害は、暴力です。性的な被害があったとわかった時点で**園や学校ではなく、警察や児童相談所（児相）に相談してください**。

性犯罪・性暴力被害者のためのワンストップ支援センター（＃8891）や警察の性犯罪被害相談電話全国共通番号（＃8103）に電話をすれば、子どもへの対応はもちろんのこと、警察や法律の相談、医療機関の紹介もしてもらえます。

このような機関には**子どもの性的被害を聴取できる専門家**がいて、いつ・どこで・何をされたのか正しく聞いてくれます。何があったのかを知ることは、その後の子どもをどうケアをしていくかを考える上で大切です。そして、加害者の保護者となんらかの話し合いをするときにも重要になってきます。

親や、園・学校の先生などの大人が、**子どもに根掘り葉掘り聞いてしまうケースも多いですが、これは絶対にしてはいけないこと**です。

低年齢であればあるほど、子どもの記憶はゆらぎやすくなります。親や周囲の大人が聞き出そうとすることで、子どもの答えを事実と違うものに誘導してしまう可能性があります。そうなると、もし加害者が14歳以上で刑事事件として扱われた場合、証拠としての信頼性が失われ、それ以上の手続きがとれなくなってしまいます。実際にそのような事例も起きています。

「子どものいたずら」が性加害になることも

例えば「ただの遊び」と片付けられがちな、かんちょうやスカートめくりも、他者との境界線を侵害する性暴力の一種です。

性教育では「**境界線（バウンダリー）**」という言葉を用いて、自分と他者について子どもに説明をすることがあります。**自分と他者との間には境界線があり、心も体もその境界線を勝手に侵《おか》してはいけない**という話です。

前述のような行為を容認していると、子どもは他者との境界線を侵害してもいいと認識してしまいます。**他者の体に同意なく触ってはいけないと、繰り返し伝えていく**ことが大事です。

子どもの性被害についてもっと詳しく

- 子どもの性の健康研究会
  http://csh-lab.com/
  臨床心理士らによる研究グループで、性暴力被害、きょうだい間の性暴力、被害を受けた子どものトラウマケアなど、子どもの性の健康に関するデジタルリーフレット（子ども向け、大人向け）をサイト上で無料配布しています。

“思春期の性”、
あなたなら
どう向き合う？

これはピー子ちゃんが中学１年生の時に体験したお話です。
ピー子ちゃんはとても控えめでおとなしい子でした。県外から引っ越してきたこともあり中々クラスになじめずにいました。
来月の合宿は親元を離れて二日間の集団生活を送ることになる
各自グループに分かれて目標を決めてください
だるぅー目標なんて何でもいいよ
いやっ！
《ゆっぺ・ネコ子はピー子の友人役という設定です》
もう入学してから３ヶ月経つじゃないデスカ！
このサマー合宿でぐん！と仲を深めましょう
てて〜〜ん!!
ばっ太
うわー面倒臭そうなヤツと同じグループになっちゃった
じゃあばっ太君が決めてよ！
男女ペアになって手を繋いで歩くのはどうでしょうか!!
仲を深めるにはスキンシップが一番ですカラ!!
何それグループ目標と関係ないじゃん
はぁ!?
ぶるるるっ
ねっ♪
ピー子さん
この時は ただの冗談かと思い皆 相手にしなかったのですが、
う、うん
後に このばっ太君によって、
思春期男子の恐ろしいほどの性的欲求を思い知ることになるのです。

私の母はシングルマザーです。
幼い頃から厳しくしつけられ、母の言うことは絶対。間違いない。
身なりから礼儀作法、成績まで私に完璧を求めるようなところがありました。
うん・・・
基本的に母は私の意見を聞きません。私は、母が考える「正しい生き方」を義務的に生きるようになりました。
数ヶ月前のこと・・・
お母さんね、県外へ転勤が決まったのよ
ピー子も転校することになるからね
転校してから2ヶ月
元々器用ではない私は、クラスになじめず、孤立してしまいました。
え！転校⁉
仕方ないでしょ あなたを養っていくためにお母さん頑張ってるんだから！
保健室行こう
私は疎外感から自分を守るために、保健室という逃げ場所を作りました。
環境の変化は新しい自分を発見する良い機会になるのよ？
社交性も身に付くし新しい友達もできる！
若いうちに経験を積むことは大事なんだから‼
ふぅっ
仮病をつかうのは罪悪感あるけど

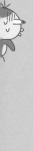

しゃっ
おーい♪
!?
え？
ばっ太君
・・・？
あっあの
何してるの〜？♪
えっ
頭が痛くて
休んで・・・
仮病だけど
ふ〜ん
ねえねえ
のど飴
食べる？
先生の引き出しに
入ってるんだよ
勝手に食べて
いいの？
大丈夫 大丈夫
みんな勝手に
食べてるし！
今さ〜 保健の先生
職員室に行ってるから
遊んでてもバレないよ
ちなみに僕は
サボり！笑
ふふふ
面白い子
だなぁ
孤独を感じていたピー子ちゃんは、
同級生と、しかも男の子と
普通に会話ができたことが
とても新鮮で嬉しかったのです。
ところが・・・
のど飴
オレンジ味と
ミント味
どっちがいい？
オレンジが
いいな
・・・・
かぽっ

んっ
んーんっ
(どうぞ)
・・・・
ぷっ
冗談だよ〜笑
何本気にしてんの?
もしかして
口移しされる
とでも思った?
エロいこと
考えてる
証拠だよ!
にや
にや
・・・
あはは・・・
違うよー
はは・・・
何なの?
気持ち悪っ
そろそろ
先生戻って
くるだろうし
寝るね
ほーい
はあっ

ムニュッ
!?
えっ
ねぇ
どうだった?
上手かった?
ぱちっ
ここで怒ればよかったのですが、自己犠牲の精神が強いピー子ちゃんは自分よりも相手の気持ちを優先してしまいます。
怒ったら
傷つくかも
へへへっ
・・・・・!!
一回じゃ
わかんないか
ねぇもう一回
してもいい?
ずいっ
む〜ん…
今キスしたの
わかった?
はははっ
それは
ちょっと
鼻息めっちゃ
荒いな・・・

ガラララッ
失礼しまーーーーす
ひゅたたたっ
!!
1年2組
ピー子ちゃんの
様子を見に来ました
入りまーす
あれ？
保健の先生
いないね
何だ？
今の
ぱっ太君？
？？
どうしたの？
何か
あった？
ササッ
逃亡
あのね、
実は・・・
ぬぁにーーーー!?
キキキキ・キス
されたぁーー!?
ピー子ちゃん
給食はどうする？
食べられそう？
う、うん
キキキキッ
ひゃー
猿か
寝てたら
いきなり
入ってきて
それで
急に・・・・

やだーーーーー♥
二人付き合ってたの⁉
全然気付かなかったー♥
いーなー
私も早く
彼氏ほしー
・・・!
ばっ太君ちょっと
変わってるけど
面白い人だよね
うんうん
良いと思うよ
誤解されてる・・・けど、
この色めき立った
雰囲気を壊すのは
ノリが悪いと
思われるかも・・・
パターン①
付き合って
ないよ
えっ？
じゃあなんで
キスしたの⁉
軽い女ーっ
最低〜‼
パターン②
ばっ太君に
無理矢理
襲われて・・・
何っ⁉
あいつ最低
先生に言って
叱ってもらおう
友達やめる
パターン③
ダメだ、事を荒立てたくない‼
みんなには
内緒ね・・・
はーい♡
わかったー
ところが・・・
がうう
わっ
ばっ太ーっ‼
彼女が来たぞーっ
いえーーーっ

やー恥ずかしいなぁ♪
あまりからかわないでくださいヨー
ははははは
誤解だよ 私 ばっ太君とは
ピー子さん
ドヤァァ
まーキスはしましたけども
ぎょっ
今日一緒に帰ろうよ
ひそ
ピー子ちゃんからしたらしいよ？
えっマジ⁉
ひそ
！
でさーペチャクチャ
・・・・
・・・
私達は誰にも言ってないけど
ばっ太君が自分でみんなに報告してたよ
あのさーもっと楽しそうにできないわけ？
これじゃ仲良しカップルに見えないじゃん

え？付き合ってないよね？
は？空気読んでよ
もうみんなにキスしたって言っちゃったんだから
彼女になってもらわなきゃ困るんだけど
わかった
一週間だけね
にやり
それとも何？僕が無理矢理キスしたって皆に言いふらすつもり⁉
ギロリ
僕を悪者にする気なの⁉
そんなことしないよ
じゃあ今からピー子さんは僕の彼女ね！
・・・
お願い
ガバッ
これも人助けだと思って僕と付き合って
一週間だけでいいからすぐ別れてもいいから！
・・・・
・・・・
お願いお願い
聞いてくれないなら僕明日から学校来ない！
僕が不登校になったらピー子さんのせいだよ‼
なんでやねん
・・・ねぇ

はあっ
えっ
僕のカバン持とうとか思わないわけ？
?
あなた、ただでさえ地味なんだからせめて性格くらい明るくしないと
そんなんじゃ彼氏なんて一生できないわよ！
お母さんが中学生のときはねー クラスで一番の人気者で・・・
女が男に尽くすのは当たり前じゃん？
やれやれ
頭悪いの？
まあいいよ お互い付き合うのは初めてだもんね 大目に見てあげる
ムッ
お母さんはすぐに私を馬鹿にする！
私だって曲がりなりにも彼氏出来たもんね・・・!!
ピロリン
ダッ
じゃーさいなら
あっ
メールするから必ず返事してね
ばっ太君からだ・・・
新着通知
ばっ太
はあーっ
ただいま
おかえり！
なぁに～せっかく早く仕事から帰ってきたってのに辛気臭い顔しちゃって
写真？
ぎょっ

・・・これって
もしかして・・・
真面目に相談してるのにそんな言い方ないだろ!?
こんなこと相談できるのはピー子さんしかいないんだよ!
えっ ご、ごめん
真面目な相談だったのか
ピロリロリン♪
ビクッ
ねえ 興奮した?
あ、ピー子さん?写真見てくれた?
僕の形・・・変じゃないかな?
・・・は?
真面目な相談じゃないじゃん
あーごめんごめん自分だけ見せられても困っちゃうよね!
ひくっ
なんか普通と違う気がするんだけど・・・
知らないよ
見たことないもん
僕にも送ってよ
ピー子さんの写真・・・

無理だよ！
僕のは見たくせに自分は見せられないってゆーの⁉
その後、ばっ太君からのメッセージは一晩中届き続けました。
写真送って
ピロン
まだ？無視するなよ
起きてるよね？何で返事くれないの？
下着姿でもいいからさ
写真送って
ピロン
彼女なのに言うこと聞いてくれないわけ⁉
ピー子！誰と電話してるのー‼
ごめん忙しいから切るね！
次の日
ばっ太君に会いたくないなぁ
えーーーーーっ⁉あのピー子さんが⁉
誰？
変な友達と仲良くするんじゃないわよ
さっさと着替えて勉強しなさい！
!?
マジ⁉
それでその後どうなったの？
お母さんには言わないでおこう
はあっ
ピロリーン
ばっ太君…
新着通知
ばっ太
これ以上は刺激が強すぎるから
ご想像にお任せします
はははは

サー
何を話してるの??
くるっ
保健室行きたいけど
またばっ太君が入ってきたら嫌だな・・・
誰かさんが写真送ってくれないからさー
ちょっと意地悪しちゃったー♪
たたっ
ごめんなさい
私は無断で学校を抜け出し家へ帰ることにしました。
ふーーっ
ガチャッ
あれっ?
やばっ
お母さん帰ってる!?
教室に入ったらみんなが私の陰口を言ってるような気がした・・・

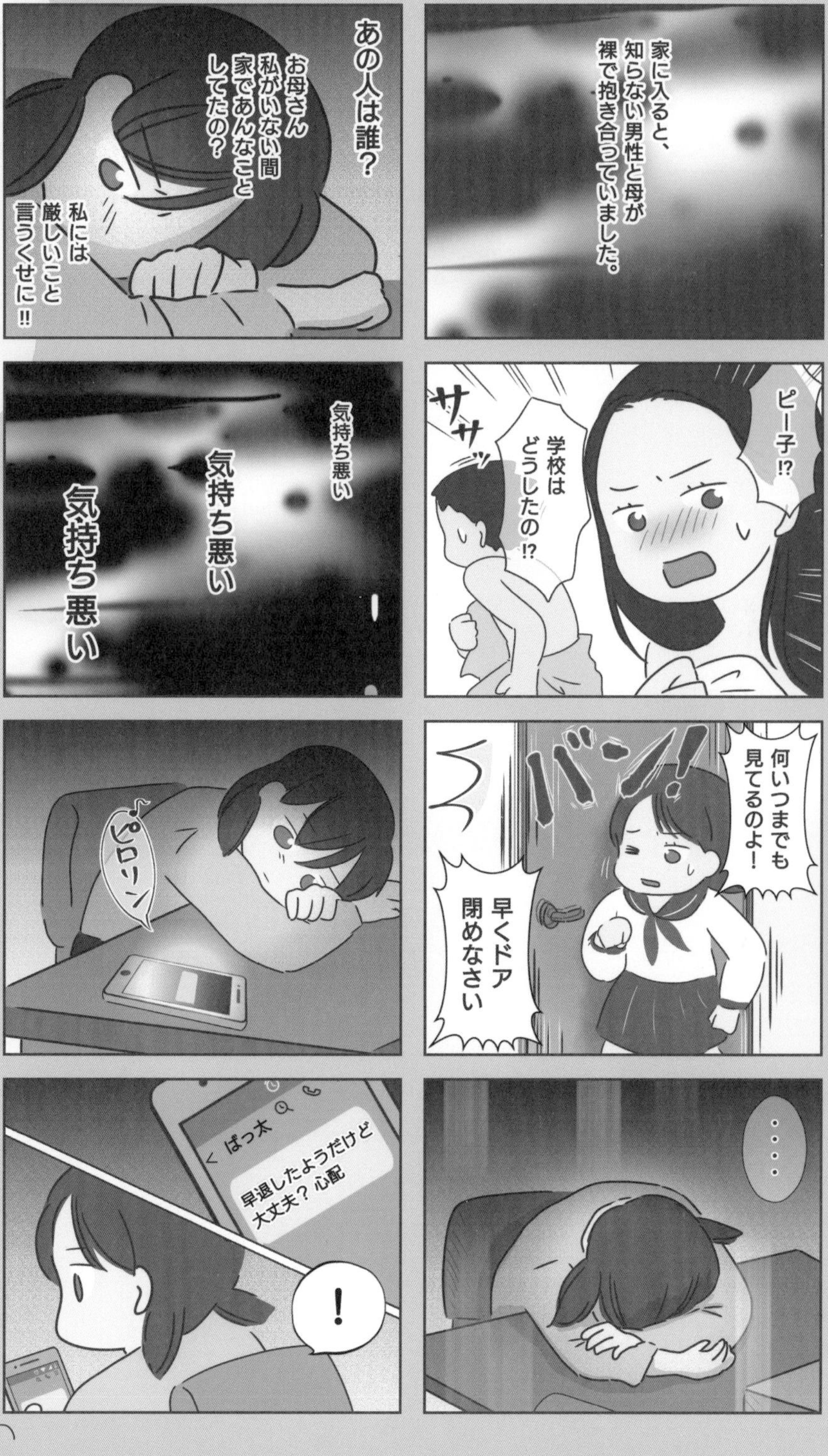
家に入ると、知らない男性と母が裸で抱き合っていました。
あの人は誰？
お母さん私がいない間家であんなことしてたの？
私には厳しいこと言うくせに!!
ピー子!?
学校はどうしたの!?
ササ
気持ち悪い
気持ち悪い
気持ち悪い
バンッ!!
何いつまでも見てるのよ！
早くドア閉めなさい
ピロリン
・・・・
ぱっ太
早退したようだけど大丈夫？心配
!

コンコン
ガチャッ
ピー子
お母さんね
今あの人と
付き合ってるの
変なところ
見られちゃったわね
ごめんね
・・・・
何よ?
怒ってるの?
私まだ34歳よ?
独身よ?
恋愛するのは
普通のことよ⁉
お母さん何も
悪くないでしょ?
自分がモテない
からって
ひがまないで
ふいっ
あっ
ちょっと
気持ち悪い
行き場のない
怒りと悲しみの感情を抱え、
居場所を失くした私は・・・
ぱっ太
僕も早退した
どこにいるの?
今から会える?
自分を必要として
くれる人を求めて、
更なる深みにはまって
いくのでした・・・。

どうしたの？
何かあったの？
急に帰っちゃうから
心配したよ～
うちも一緒だよ‼
父親が会社経営
してんだけどさ～
愛人囲って
ほとんど家に
帰ってこないくせに
僕にはやたらと
厳しくて！
母親は異様に
過保護だし！
嫌になっちゃう
学校に
居づらくなった
原因は ぱっ太君
なんだけど
僕でよければ
話聞くよ？
しょせん
子どもは
親の操り人形
なのさ・・・
ふ～
だから命令したり
見返りを求めて
課金したりするんだよ
でも今はこのモヤモヤを
吐き出せれば相手は誰でもいい。
聞いてほしい。
・・・・
さっきね
お母さんが
・・・
・・・・
ぱっ太君も
色々あるんだね
私は 母への愚痴や不満を
全て吐き出しました。
正しい生き方を
強要されるのも
すごく嫌なの
そのくせ
自分は・・・
あーうん
わかる
わかる！
ねえ今から
家に来ない？

帰りたくないんでしょ？
落ち着くまで僕の家にいればいいよ
このまま一人でいたら警察に補導されたり犯罪に巻き込まれる可能性だってあるよ？
あっごめんね留守中にお邪魔して・・・
違う違うそうじゃなくて
話ならいくらでも聞くからさ
・・・ありがとう
今この家にいるのは僕とピー子さん**二人だけ**ってこと
お邪魔します
座布団ないからベッドの上に座ってくれる？
どーぞどーぞ
なーんかドキドキしてきちゃったなー
今さー
親は仕事行ってるから不在なんだよね
ねぇ僕たち恋人だよね？

ちょっとだけエッ○なことしてみない？
これは寂しい者同士が傷を舐め合ってるわけじゃない！
僕がピー子さんの居場所になる！
そういう関係性に救われる時もあるのではないかと思うのです僕は！
さっきも言ったけど僕も親とうまくいってなくて嫌なことばかりで辛いんだ・・・
癒してほしい！ピー子さんしか頼れないんだよ
それにさ経験は早くすませたほうが友達にも自慢出来るじゃん？
ね
ね
ね
い、嫌だよ！興味ない！
だからちょっと触らせてくれるだけでいいから！
お願い！一生のお願い!!
ねぇ何でダメなの？
僕の写真は見たくせに
触らせてくれないなら写真撮らせてよ
じりっ…
じりっ…
何でダメなの？
僕はピー子さんの母親よりずっとピー子さんを必要としてるんだよ？
ちょっ
苦しっ・・・

はっ
ガバッ
!?
あ 起きた?
大丈夫?急に寝ちゃうからビックリしたよー
帰って休んだら?
ぼーーー…っ
?
?
ちょっとあなた!
こんにちは〜
ばっ太の母です〜
これ良かったらもらってくれる?
え?あの
はいっ チャネルのハンカチよ〜 高いのよ〜
はい!どうぞ!!
これあげるから
許してね?

受け取ってくれてありがとう！じゃあね♪
しゅばばっ
あっ！え？？
明日も来てくれるよね？
今日の続きしようよ
許すって何を？
ピリリリリ！！♪
い、行かない！
もういやらしいこと言うのやめて！
ぱっ太君
さっきはありがとねー
僕にそんな口を利いていいのかなー？
生意気言うと
今ぱっ太君のお母さんからハンカチ渡されて
許してねって言われたんだけどなんなの？
あーいいのいいのそんな事よりさー
寝てる間に撮らせてもらったピー子さんの裸の写真
SNSで拡散させちゃうよ・・・？

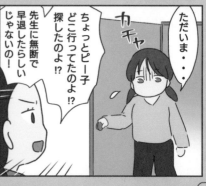

明日クラスの男子に見せちゃおうかな～
や、やめてよ
お母さん あの・・・
あ！
もーーっ
お母さん もう出ないと
それが嫌なら僕の言うこと聞いてね！
～～～
ごめん・・・
じゃー戸締まりよろしくね！いってきます！
どうしよう。。。
お母さんに相談したら何て言うかな？
家出なんかするからバチが当たったのよ
のこのこついてくなんて馬鹿じゃないの
ただいま・・・
カチャ
ちょっとピー子どこ行ってたのよ⁉ 探したのよ⁉
先生に無断で早退したらしいじゃないの！
自業自得よ！
どうせ私が悪いって言うんだろうな
お母さんには言えない

その日の夜、ばっ太君からこんなメッセージが届きました。
ゴリ郎はもう
初体験すませたんだって！
僕も早くしたいな〜
学校休んじゃった
ばっ太君怒って鬼メッセしてくるだろうなぁ・・・
またありもしない噂を流されてるかも・・・
きもっ！
ぼすっ
しかし なぜかばっ太君からの連絡は一切ありませんでした。
なんで？？
何も連絡してこないことが逆に怖い
学校行きたくない・・・
眠れない・・・
ピンポーン
ごめんくださーい
翌朝、私は熱を出し、本当に学校を休んでしまいました。
おとなしく寝てるのよ？
いってきます!!
うん
え？
ばっ太君のお母さん？

ガチャッ
こんにちはー お加減いかが？
？？？ ありがとう ございます
実はね ぱっ太が暴れて 困ってるのよ～
ほらこれ！ ブランドバッグ!! あなたに あげるわ
友達に自慢 できるわよ～
「ピー子さんが 約束やぶった！」 なんて言って 泣きわめいてね～
もう 可哀想で可哀想で 見てられないのよ～
え！こんな 高価な物 いただけません
いいから いいから♪
あなた ぱっ太と お付き合いしてるんでしょ？
どうにかして くださらない？
ずいっ
あなたのお母さま シングルマザーでしょ？
お金に困ってる でしょうから 生活の足しにして ちょうだい
ほらっ
一緒に 来てちょうだい
グイッ

バッグあげたでしょ!!
人に物をもらっておいてお返ししないつもり⁉
あ、あらお友達？
じゃあ私は失礼するわね～
そそくさーっ
ほら早く来なさい！
いたっ
グイ
グイッ
誰あの人？
なんかモメてなかった？
ピー子ちゃん？
わー高そうなバッグ！
バッグの押し売り業者？？
…うぅ
あの・・・プリント届けに来たんだけど
どしたの？
ゔぅうぇー
え？わ！どうしたの⁉
何があったの⁉

なるほど
そのバッグは口止め料ってことか・・・
どうしたらって嫌なら別れりゃいいじゃん!
悩む必要なくない?
好きでもないのに付き合ったの?
一週間だけ彼女になってくれって頼みこまれて
期限付きならいいかなと思ってしまって・・・
それは・・・
裸の写真SNSで拡散させちゃうよ
えーでもキスしたんでしょ?
寝てるときに勝手にされたんだよ!?
同意のもとじゃないよ
しーん…
?
?
写真撮られたことは言えない
男子達に変な噂吹き込んでるみたいだし・・・
いやらしい写真送ってくるし
どうしたら・・・
なーんかピー子ちゃんて自分が無いよね
なんでちゃんと意思表示しないわけ?

しつこく言い寄られたから付き合っちゃったとか
強引にキスされたから自分の意思じゃないとか
全部ぱっ太君が悪いみたいに言ってるけどさー
言いなりになってるピー子ちゃんも悪い
嫌なら嫌って言えばいいじゃん
そうだよね わかってる
流されて言いなりになってる自分も悪いんじゃん?
寂しいからって好きでもないのに甘えたりしたからバチが当たったんだ
でも・・・
でも!
そ、そうだよね
まーあいつが一番悪いんだけどさ
・・・
ピリリリ
びくっ
とりあえず変な噂聞いても私達は信じないから安心して
じゃあ また明日ね
お大事に〜
もしもしピー子さん
今すぐ来てちょうだい
ぱっ太が救急車で運ばれたのよ

えっ⁉
ばっ太君が⁉
何があったんですか？
あなたのせいよ
来てちょうだいよ
絶対よ⁉
あっあの
あなたに拒絶されたショックで
ばっ太が自殺未遂起こしたのよ！
家？
・・・・
救急車で運ばれたのなら病院にいるんじゃないの？
嘘・・・
本当よ～！
一命は取り留めたけどね！
⁉
ぞっ
嘘をついて私をおびきだそうとしてるんだ・・・！
悪いと思うなら今すぐ家に来てばっ太に謝ってちょうだい！
え？
怖い・・・
怖いよ

・・・・
出ないの？
ピリリリ
ううん大丈夫！
ピリリリ
食事中だから後でかけ直すから
あせっ
熱は下がったの？明日は学校行けそう？
ん・・・まだ調子良くない
ピロリ～ン♪
ピー子あのね
お母さんの彼氏のことなんだけど
今夜10時に家に来て
もし来なかったら
裸の写真を拡散します
！
ピリリリ
ピリリリ
・・・？

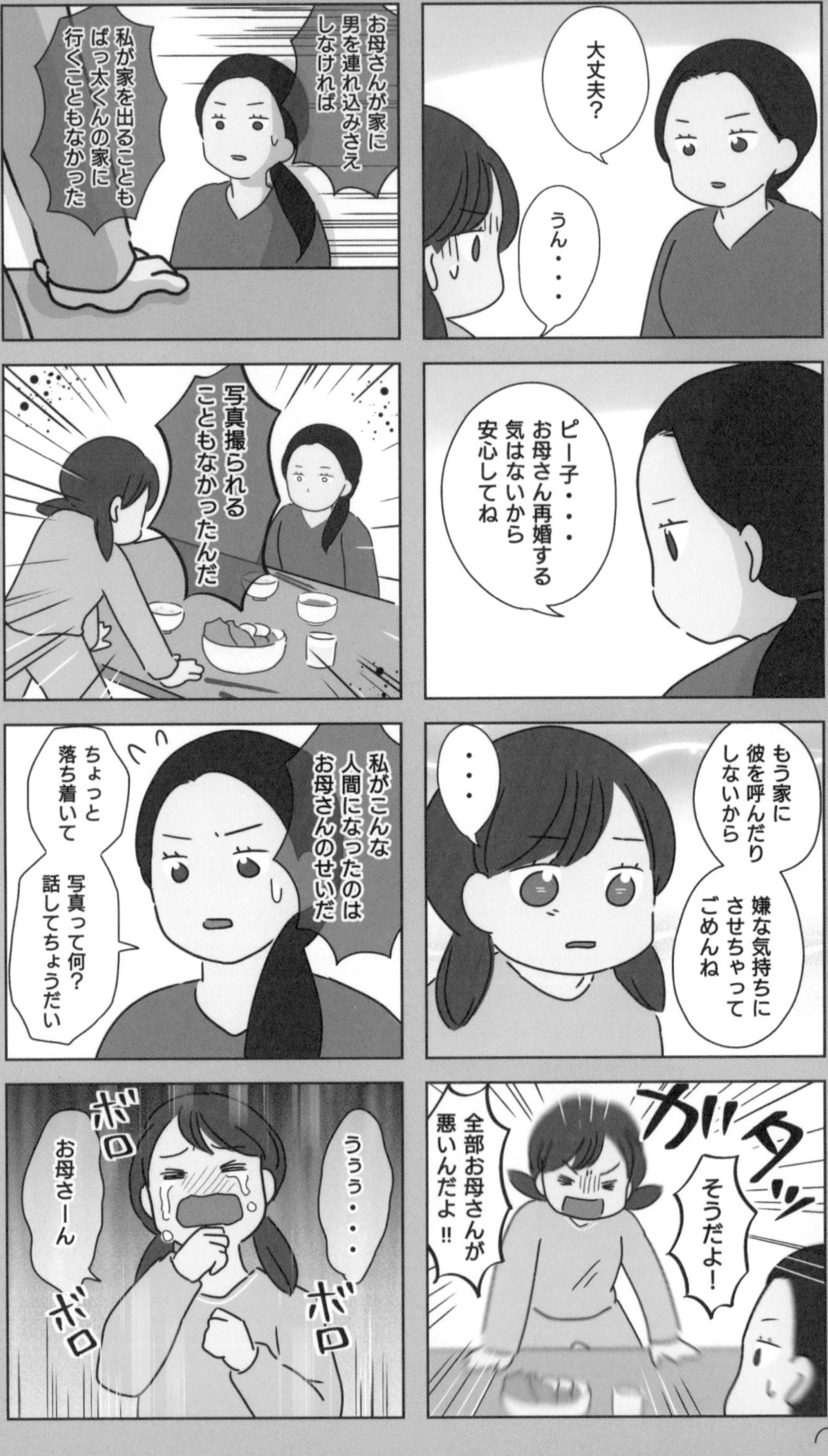
大丈夫？
うん・・・
お母さんが家に男を連れ込みさえしなければ
私が家を出ることもぱっ太くんの家に行くこともなかった
ピー子・・・お母さん再婚する気はないから安心してね
写真撮られることもなかったんだ
もう家に彼を呼んだりしないから
嫌な気持ちにさせちゃってごめんね
・・・
私がこんな人間になったのはお母さんのせいだ
ちょっと落ち着いて 写真って何？話してちょうだい
ガタッ
そうだよ！
全部お母さんが悪いんだよ‼
ボロ
うぅぅ・・・
お母さーん
ボロ
ボロ

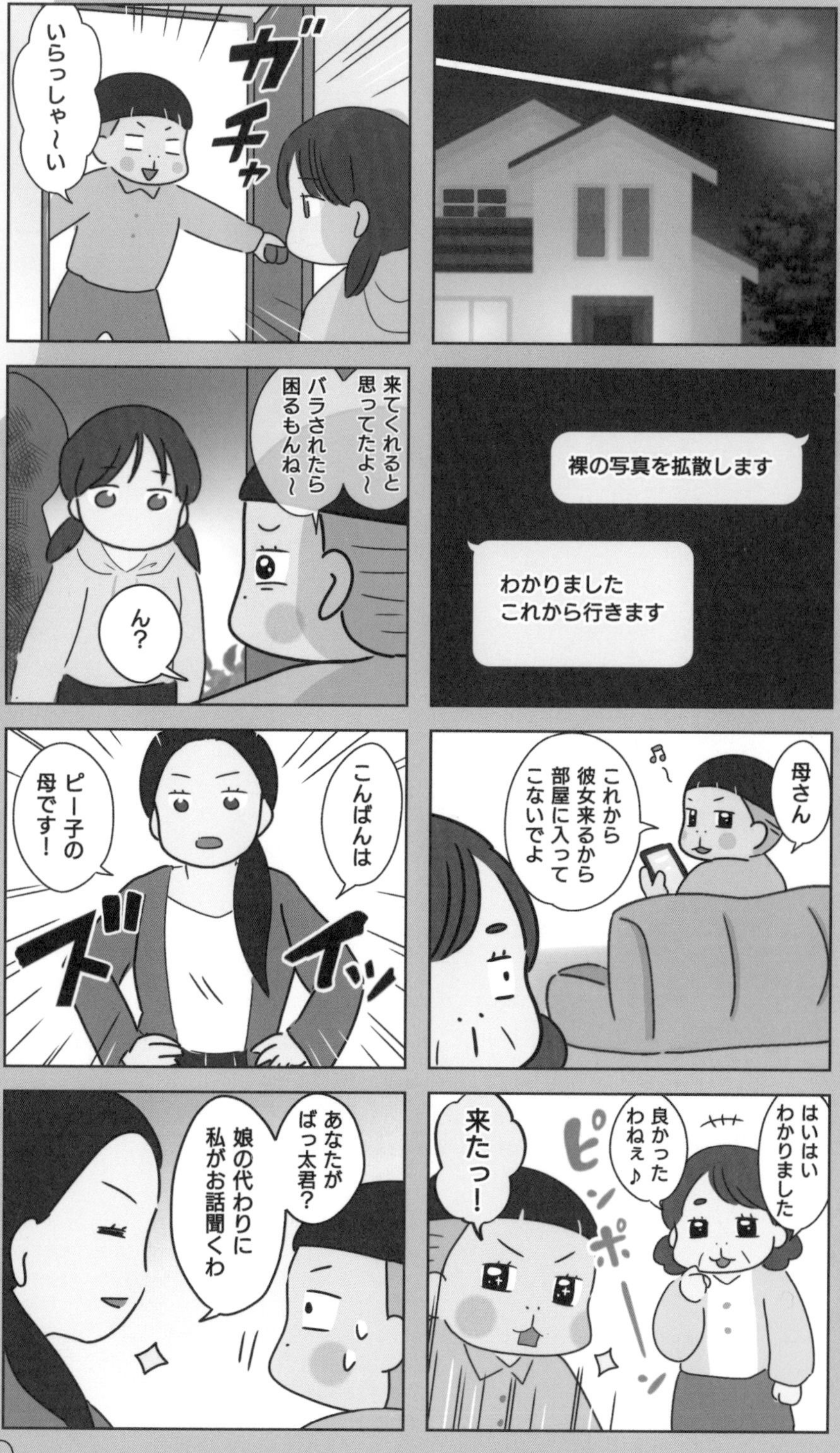
裸の写真を拡散します
わかりました
これから行きます
母さん
これから彼女来るから部屋に入ってこないでよ
はいはい
わかりました
良かったわねぇ♪
来たっ！
ピンポーン
ガチャ
いらっしゃ〜い
来てくれると思ってたよ〜
バラされたら困るもんね〜
ん？
こんばんは
ピー子の母です！
ズイッ
あなたがぱっ太君？
娘の代わりに私がお話聞くわ

ピー子から全部聞いたわ
首を絞めて気絶させた上に裸の写真を撮って脅してるんですって？
まっ！失礼ね母子家庭の貧乏人のくせに
ネットで写真ばらまきますよ？
ピー子さんの人生メチャクチャになってもいいんですか？笑
立派な犯罪よね！弁護士に相談する？それとも警察？
え、あの
ばんっ
ちょっと！うちの子をいじめないで
いいえ人生メチャクチャになるのはあなたよ
!?
あら お母様
これ お返ししますわ♥
ずいっ
ピー子録れた？
うん！
こんな安物でピー子をどうにかしようだなんてナメられたものね
子供の悪事を見て見ぬふりどころか加担するだなんてバカ親もいいところだわ
!!
あなたが脅してるところバッチリ録れたわよ
ネットで拡散してもいい？

噂が広まったら高校受験にも影響するかもしれないわねー
進学出来なくなってもいいの？
お父様の会社にも送ろうかしら
ご・・・ごめんなさい
本当は写真なんてありません
やめてぇ
主人にバレたら離婚よぉーー！
ひ、ひひ卑怯だぞ！
写真があるって言えば・・・
弱味を握れば言うこと聞いてくれると思って
嘘をつきました
グイッ
写真・・・・
無いの？
本当に？騙したら承知しないわよ!!
あなたと同じ事をしただけよ？
人生棒に振りたくなかったら
今すぐ写真を消しなさい!!
ないです
ごめんなさい
謝ってるでしょ？許してあげてね？ね？ね？

帰り道ー・・・
実はね
お母さんも学生時代に性被害にあったの
ううん
言いたいこと言えない私も悪いから・・・
それに そこまで酷いことされたわけじゃないし
その時周りの大人から言われたことが
お前が挑発したんじゃないの?
ちゃんと自衛しろよ
自分の身は自分で守れ!
こんな程度で被害者ヅラなんておかしいよね
もっと酷いことされてる人だっているんだから
ひどい・・・男の人が怖くならなかったの?
逆よ逆!
絶対負けるもんか!って
男性より優位に立たないと気がすまない性分になったわ
いいえ それは違うわ ピー子!
傷付いた自分を否定する必要はない!
「大したことない」なんて思わなくていい
だからピー子にも強い女性になってほしくて
厳しくしつけてしまっていたわ
ごめんね
「傷付いた」って言っていいんだよ
そっか・・・我慢しなくていいんだ

次の日 ばっ太君は何事もなかったかのようにいつも通り元気に笑って過ごしていました。
私はこんなに傷付いたのに
のん気に笑っている
ピー子ちゃん
おはよー
昨日ごめんね
「ピー子ちゃんも悪い」なんて 言っちゃって
ピー子ちゃんの気持ちを考えもせず・・・
ごめん…
悪いのは被害者じゃなくて加害者なのにね
ピー子ちゃんを責めるのはお門違いだったよ
今から ばっ太のヤツ とっちめてやろ
相手が望まない性的行為は被害者の心に大きな傷を付ける重大な犯罪です。
性被害に 大きい小さいはありません。
同じ経験をしても傷が浅く済む人もいれば深く傷付く人もいます。
被害の大きさと傷の大きさは比例しないのです。
大したこと「ない」か「ある」かは被害者本人が決めることです。
どんな状況であっても被害者に責任はありません。
どんな行動をとっても何も行動しなくても被害者の責任ではありません。
ばっ太ぁーーっ
ピー子ちゃんいじめたら許さんっ
あなたは決して一人じゃありません。

SOSを見逃さないで！

思春期の子どもたちと性被害

| 答えてくれた人：公認心理師・臨床心理士　鶴田信子さん

思春期の子ども同士で起こっている性被害って？

保育園児・幼稚園児でも発生しているレイプ。思春期に入ると、**より深刻な被害の数は増えます。**さらにこのくらいの年齢になると、**女の子には妊娠のリスクも生じます。**

また、被害にあった際に自分の意思に反して体が反応してしまうこともあります。このことで、**自分は行為を受け入れていたのではないか、体が反応していたから被害ではないのでは、という認識になりがち**です。すると、さらに誰にも言えなくなってしまいます。子どもへのトラウマケアでは、体は自分の意思とは関係なく反応するものであると伝え、それは行為への同意や、自分が望んでいたこととは違うんだよ、ということについて話し合いましょう。

性被害にあった子どものSOSは、意外な形で現れることも

とにかく**「子どもの様子が普段と違う」**と感じたときは、注意深くお子さんを見る必要があります。性被害にあった子どもの場合、**その辛さが身体症状や、ときには「問題行動」という形でも現れることがあります。**

多くの大人は、まさか自分の子どもが性被害にあっているとは思わないので、問題行動に対して叱るだけになってしまい、その背景を探るまでに至りません。ですが**いつもと違った問題行動の陰には、いじめや反抗期などの理由以外に「性被害にあった」という可能性もある**ことを覚えておいてください。

とても残念なことではありますが、子どもたちは性暴力を受けやすい状況にさらされています。大人や親である私たちは、まずそのことを知った上で、対応をしていく必要があります。

男の子でも性被害にあうの？ 最近、増えているって本当？

最近は、男の子が被害者になる性被害の事件を耳にすることが多くありますね。**でも男の子の性被害は、もっとずっと前からたくさん起きています。**被害件数が増えたのではなく、被害が明るみに出る機会が増えたのです。

刑法の一部が改正され、**これまで女性に限っていた強姦罪の被害対象が性別を問わない形になった**ことも、要因のひとつにあると思います。このことで、男の子も性暴力の被害者であるという認識が広まりました。

男の子の場合は自分が性被害にあうという想定がないことなどから、**女の子以上に被害を抱え込んでしまいやすい傾向が見られます。**

加害者は、女子の場合も男子の場合もあります。同性である男性から被害を受けた場合には特に、「自分は同性愛者なのかもしれない」という別の悩みにも発展して複雑化し、誰にも相談できないことが多くあるようです。

性被害に関しては、女の子だけでなく、男の子のお子さんを持つ親も**「男の子だから大丈夫」「被害者にはならない」と思わずに、当事者意識を持つ**必要があります。

親に相談できない…そんなとき 子どもが助けを求められる場所

もしも子どもの身に何か起こり、どうしても親に言えないことがあった場合、
子ども自身で相談できる窓口があります。日頃からお子さんに伝えておくようにしてください。

【子どもが相談できる窓口】

学校内や自治体内の窓口	
スクールカウンセラー	日常の困りごとや学校生活の悩みなどが相談でき、話を聞いてもらえる。保護者への助言・援助も行う。公立の学校には必ず1人いて、私立の学校にも配置されていることがある。
養護教諭（保健室の先生）	子どもたちと普段から接点があるので、自然と相談しやすい。最近は養護教諭が性被害について関心を高く持っている。
教育相談	各自治体が開設している相談窓口。不登校、友人関係、学習、進路、海外転出入など、教育に関する相談を受け付けている。自治体ごとに異なるので、インターネットで「自分の住所地　教育相談」と検索するか、教育委員会に問い合わせを。

電話・メール・インターネットでの窓口	
性暴力に関するSNS相談「Cure Time（キュアタイム）」（内閣府）	https://curetime.jp 被害についてSNSやメールで相談ができる。警察のことや病院のことなど、専門の相談員が相談に乗ってくれる。
性犯罪・性暴力被害者のためのワンストップ支援センター（内閣府）	全国共通番号：＃8891（はやくワンストップ） https://www.gender.go.jp/policy/no_violence/seibouryoku/consult.html 性犯罪・性暴力に関する電話相談窓口。必要に応じて産婦人科医療やカウンセリング、法律相談などの専門機関とも連携してくれる。
チャイルドライン	https://childline.or.jp 18歳までの子どものための相談窓口。日常の困りごとや学校生活の悩みなどが相談でき、話を聞いてもらえる。電話やオンラインチャットなどで相談できる。
10代のための相談窓口まとめサイトMex（ミークス）	https://me-x.jp 家族や友達・体・勉強など人には言えない悩みの解決を手助けする10代のためのWebサイト。悩みに応じた相談先を教えてくれる。
24時間子供SOSダイヤル（文部科学省）	0120-0-78310（なやみ言おう） https://www.mext.go.jp/ijime/detail/dial.htm 夜間・休日を含めていつでも、いじめやその他のSOSを相談できる。原則、電話をかけた所在地の教育委員会の相談機関に接続される。

デジタル性暴力専門の相談窓口	
一般社団法人セーファーインターネット協会（SIA）	https://www.safe-line.jp/against-rvp/ リベンジポルノ（私的な性的画像や動画をネット上へ勝手に掲載すること）などのコンテンツについて、国内外のプロバイダへの削除依頼を無料で行う。
NPO法人ぱっぷす（ポルノ被害と性暴力を考える会）	https://www.paps.jp/ 性的画像記録の拡散被害に関する総合的な相談を支援。リベンジポルノ、本人の意に反した裸の撮影などのデジタル性暴力について、削除要請などを行う。

【親が子どもの被害を相談できる窓口】

性犯罪被害相談電話（警察庁）	全国共通番号：＃8103（ハートさん） https://www.npa.go.jp/higaisya/seihanzai/seihanzai.html 性犯罪・性暴力被害などの相談に応じる警察の窓口。

我が家では食事中
テレビをつけません。
食卓を囲みながら
その日あった出来事や
感じたことを共有しあいます。
とてもおすすめです！

おうちでの
性教育、
親は
どう教える？

ぐり子さん（仮名）には二人のお子さんがいらっしゃいます。
パピコ 5才
チョコ太 3才
ご近所にも子供と同い年のお友達がいて、よく家を行き来していました。
ぐりこ
いつもありがとね〜
親同士も仲が良く、互いに安心して子供を預けていました。
ご近所のお友達は小学一年生のお兄ちゃんと3歳の弟くんです。
どこにでもいるような普通の子
今日は何してあそぶ〜？
弟
兄
普段 親たちが居間で話している間、子供たちは 隣の部屋で遊んでいました。
ところがある日を境に子供たちの行動に少し変化が起こります。
今日は2階で遊ぶからお母さんたちは入ってこないでね
子供たちが ある日を境に2階で遊ぶようになりました。
親たちは一階で談笑。子供たちの様子は見えませんでしたが、ケンカすることもなく、仲良く遊んでいる様子だったので特別気にしていませんでした。
ママ!!
子供だけで遊びたいからじゃましないでね
しないでー
はいはい邪魔しないから仲良く遊ぶのよ
そんなある日のこと、
今日はボクママと遊ぶ!!
あっち行かないぃ
3歳の長男が姉達と遊ぶのを嫌がりました。

えー
ママ達ここで
お話があるから
お姉ちゃんたちに
遊んでもらってよ
せっかく
遊びに来て
くれたのにさー
ぶつぶつ…
おっお姉ちゃんは
フローだから嫌っ!!
みんなフロー
ごっこするから
遊ばない!!
浮浪？
なんじゃそりゃ
不老？
ふろーがぁ
エムフロー？
3歳児のつたない言葉、
よくあることだと
気にせず流してしまいました。
ある日、いつものように
子供達を遊ばせていると・・・
この前は
嫌がったけど
今日は仲良く
遊んでるみたい
だねー
子供って
そうだよ
ねー
ままあーっ!!
!?
ぎょっ
長男チョコ太の叫び声に
慌てて二階にかけ上がると・・・
タダダダ
どおしたあ
うあああああああ
サッ
お友達の3歳の弟くんが
下半身丸出しで大泣き!!
何したのぉぉ
おおーーっ!?
よく見ると、ぞうさん部分が
赤く腫れ上がっていました。

おねーちゃんがフローごっこした
・・・・・チョコ太は下にいるお友達ママ呼んできて
今何か隠したね？ママに見せなさい
って、あんたもパンツ穿いてないじゃんっ!?
何してんのっ!?
へへっ
ぱんつ
長女がとっさに隠したものを出すように言うと・・・
見せなさいっ
おず…
はっ
ピーン
ちょっとおばちゃんに見せてごらん
…
それは夫が購入したアダルト漫画雑誌でした。
ばーん
エロエロ
あんのバカッ
お股に何入れてんの!?
!?
…
もっこり…
弟くん大丈夫？念のため病院連れてったほうがいいかも
こっちは私がみるから
何があったの!?
うあああああ
エロエロ
何が入っているのかな？
出してもらってもいい？

ぼーん
リカちゃん人形の頭
装着
…
!!
ままー！
さっきお姉ちゃん達がフローごっこしてた!!
何でこんなこと・・・・
外そうか…
何なん？フローって？？
不良ごっこ
ははーん、お医者さんごっこの進化系か？
その後　友人親子が病院から帰宅。
バイ菌が入って炎症起こしたみたい
汚い手とかで触るとなっちゃうんだって
しゅん…
さて、二人とも
お2階で何して遊んでたのか、教えてくれる？
子供だけで二階で遊んでいた日。
何して遊ぶー？
かくれんぼしよう!!
そこで見つけたのが。。。
ねぇぇーっ!!見て!!こんな所に本があるよ～
ベッド
エロエロ
予期せぬ場所で、パンドラの箱を開けてしまった子供たち。
何これ!!
裸だ!!
エロエロ
何となく子供が見てはいけないものだと感じつつも、好奇心には勝てません。

おっぱいぼよーん 笑笑
きゃははは
あーっいけないいんだよ
パパのお部屋に入っちゃダメなんだよーっ!?
いいんだよ!
お姉ちゃん今不良ごっこしてるんだから!!
あわわ…
この人たちは何で裸でおしっこ漏らしてるんだ??
エロエロ
お尻を舐めてる
変な形してる
おげーっ
私のお股もこんな変じゃないよ!!
父ちゃんのここはこんなじゃなかったのに何でだ??
脱いで確認してみよう
弟!脱げ!!
自分ではなく下の子を使う
ぬぎぬぎ
うん
素直
舐めると美味しいって書いてある!!
うおええ
ぶええ
きもーっ
チョコ太!ちょっと舐めてみてよ!!
あわわ…
嫌だーっ!!
うっさい大きな声出すな
なーなーどんな感じ?
かゆい
マンガと全然ちがうね
大人になったら皆大きくなるんか?
お尻寒い

一度興味を持ち始めるともう止まらない。
数日後。
友達の兄ちゃんから聞いたんだけど、
決めた！今日から特訓する
弟！パンツ脱げ!! 兄ちゃんが鍛えてやる!!
うんっ
素直
この前みた本あるじゃん？大人になったら皆ああいうことするんだって!!
なんで!?
好き同士がやるって言ってた
何をやるの？
わかんない
しんけん。
き・・・気持ちいい？
痛い
ごしごし
あとね、
ずう〜ん
ずっとおち◯◯んが小さいままだと、結婚出来ないんだって
ゲフンッ
我慢しろ
兄ちゃんも特訓するから
いたくなってきたー
はらはら
えっ
ならない人もいるの？？
おっぱいも小さいままだと結婚できないって
あんだとコラッ
ぁあっ!?
ひんぬー
あたしも特訓するか
ぬぎっ
カポッ
おっちょうど入る！
なんだか大きくなった気がする……
はらはら

私のここ、どうなってる?
本みたいになってる?
うーん…
ゔうう〜!!
ううん・・・
子供のことだからこそ、親がきちんと教えるべきだよ!
今夜 旦那にも伝えて 性教育について ちゃんと話し合おうよ!!
ねっ?
あ゛あ゛あ゛
痛いよおお
!?
その日の夜
こんのエロガッパがぁ!!
エロ本ちゃんと隠しとけっ!!
スパーン
子供達が見つけて読んどったわっ!!
なるほど、ママ達がいない部屋でそんなことがあったのね・・・
子供と向き合う時間を作りました
これからママとパパが大事なお話をします
怒ってるわけじゃないからね? よーく聞いてね
いいよいいよ! 弟も大したことなかったんだし、
子供の遊びだし
二人とも悪気があったわけじゃないから
チョコ太とパピ子は毎日パンツを穿くよね? 何で穿くと思う?
穿かないと寒いから
うんちがもれないようにするため!
ぷぷっ
うん それもあるね

お股がとっても大切な場所だから守ってるんだよ
自分のパンツの中は人に見せたり触らせたりしたらいけない場所なんだよ
それからこれもすごく大事‼
パピ子
お友達のパンツの中も見たり触ったりしたらいけないよ‼
じゃあなんでパパは漫画みてるの？
ドキッ
大人は見たり触ったりしてるじゃん！
大人は見てもいいんだ‼
そうやってねじ伏せるだけじゃ意味ないんだよ‼
理由になってないだろがっ
なんで？なんで子供はダメなの？
今、パピ子やチョコ太に大切なことは「自分の身体を守る」ことなんだよ‼
ああいう本を読むのは自分の身体を守れる相手を大切にできる大人になってから、
これから沢山色んな経験をして良いことと悪いことの区別がしっかり出来るようになってからだよ
世の中には怖い人も沢山いるからね、
パンツの中‼それから お口も‼ここはとても大切な場所だから、他人に勝手に触らせたらいけないよ‼
あと、少しでも嫌だと思ったら「嫌だ‼」ってハッキリ言うことも大切だからね
自分で触ったり触られて気持ち良いって思うことは、悪いことじゃないんだよ
でも今は自分の身体を守ることのほうが大事‼
あと、お友達にも絶対しちゃダメ‼
ママはパピ子とチョコ太を危険な目にあわせたくないし、
誰かを傷つける人間にもなってほしくない‼
今言ったこと、忘れないでね

その後の夫婦の会話
もう子供達の目に触れる場所に、ああいう本置かないでね!?
スマホでも簡単に検索できちゃうからロックも忘れずに!!
うん…
別にそこまで目くじら立てることでもないんじゃない?
好奇心なだけで性的な意味はないんだし・・・
今はね!?
これから先のこと考えてる?
何もわからない子供がAV見放題だったらどうなると思う?
AVでやってることが当たり前だと勘違いして現実との区別がつかなくなっちゃうんだよ?
あれは「見せる」ための映像だから参考にも何にもならないんだから!!
男性がAVで学んだ知識を女性も当たり前だと思って嫌々受け入れてしまうこともあるんだよ?
嫌がってるように見えても本当は嬉しいんだ
本当は嫌がっている女性の気持ちに気付けなくてこれでいいんだと勘違いする!チョコ太がそんなダサ男になってもいいのっ!?
スマホ
あるある
寂しさを埋める居場所が欲しくて性を提供せざるを得ない女性に育ってしまうこともあるよ
求められると拒めない
イヤだけど一人になるよりマシ
今、私たちがやらなきゃいけないことは自分の身体が大切だって教えること、愛情を沢山注ぐことだよ!
子供たちを加害者にも被害者にもさせないために!!
ぐり子さんは、早いうちに問題の芽を摘み取ることで、被害を最小限に抑えることができました。
小学生
やってはいけない境界線の線引き
男女の身体の違い
思春期
妊娠、中絶
性犯罪、
性感染症
その後も、子供たちが疑問に思ったことは恥ずかしがらずに伝えるようにしていったそうです
ぐり子さんのお話を聞いて、あらためて家庭での性教育の大切さを考えさせられました。
子供の健康や安全を守ることは親の役目。
少しでも悩んだり悲しんだりする子供が減りますように。
完

小さな子どもへの性教育で大切なことって何だろう？

答えてくれた人：公認心理師・臨床心理士　鶴田信子さん

性教育は小さいうちから必要？ 何を教えればいいの？

性教育は、子どもの年齢や発達段階に応じて行われるものです。小さなお子さんにとっても、**自分やお友達の身を守る上で大切なこと**です。

ご家庭で小さなうちから「人の物をとってはいけない」「人をたたいてはいけない」というルールを教えますよね。ルールや規則、人付き合いのマナーなど、**いろいろな社会のルールを子どもに教える延長線上に、性教育もある**と考えてください。

未就学児から小学校低学年の子どもには、まずは「プライベートパーツ」の話をしましょう。プライベートパーツは口・胸・性器・おしりを指します。**「プライベートパーツは自分の命を守る大切な場所だから、人に見せたり触らせたりしてはいけないよ」**と、大切さや扱い方を教えてあげてください。プライベートパーツを勝手に見たり（見せたり）、触ったり（触らせたり）してくることは悪いことだよ、と伝えることも必要です。低年齢であればあるほど、具体的にきちんと教えてください。**「もしも誰かに『悪いタッチ』をされたら大人に言ってほしい」**ということも伝えておきましょう。

思春期に近づくにつれ、親も子も性について話すことが難しくなってきます。低年齢のうちから徐々に、性について親子で話していけるといいですね。

アダルトコンテンツが子どもに有害なのはどうして？

漫画の中でも、お父さんが持っていた成人向けの雑誌を子どもたちが読んでしまうシーンがありましたね。**子どもを過度な性的刺激にさらすことは、子どもへの虐待にもなり得ます**ので十分に気をつけてください。

子どもには、自分が目にしたものを現実と混同したり、それをモデルに考えて行動に移したりすることがよくあります。それで、今回の漫画のような問題に発展してしまうことも十分に考えられます。

たとえ大人がアダルトコンテンツを隠していたとしても、子どもは興味を持って探します。最近では、**スマートフォンやタブレットの扱いにも要注意。**親が思っているよりも子どもたちは巧みに操作していて、成人向けの広告や動画なども目に入りやすい環境にあります。そのことを考慮した上で、ブラウザのセーフサーチをオンにする、使用するアプリの安全性を確認するなど、親がしっかり対策をしてあげてください。

ちかん被害者に向かって
「触られるほうも
問題がある！」と言う
人が一定数いますが
100%
加害者が悪いです。

当ブログに寄せられた皆様の体験談です。
ぜひご覧ください

10代を狙う
痴漢と
戦った話

もう何年も前の話になりますが
私の学生時代、周囲では痴漢の出没が半端なく多かったのです！
ギャアー
くるっ
は
昨日下校途中で知らないおじさんにパンツ売ってくれって言われた〜
いくらで？
千円〜
安っ！
下半身裸
上下運動
スコスコスコスコ
夏になると、さらに出没率が高くなり1日に2回遭遇する日もありました。
じり…
一定距離を保ちながらついてくるオジサン
悲鳴をあげられるのは、まだ余裕があるときで。。。
キャ
ゴホッ
ゴホン
ちょっと
お嬢さん・・・
実際はー・・・

◆路上編
痴漢の行動パターン①
ブーン
下校中
16：30
のろ〜
のろ〜
追い抜き様にターゲット確認
のろ
のろ〜…
往復して再確認
？
そして…
ぴたっ
お嬢さん
人間はびっくりし過ぎると声が出ないのである。
…
…
固。
謎の沈黙後
…
…
にや
にや
くるっ
猛ダッシュ!!
ギャアアアア
アアア
15歳の春、痴漢ライフの始まりである。
アフロヘアのつくしに見えた

この辺に住んでる子?
はい
道に迷ったのかな?
駅まで行きたいんだけど場所分かる?
あ はい この道を真っ直ぐ行っ
あーちょっとわかんないや!!
ここに地図があるから
ちょっと見てくれる?
にやにや
地図
はーい
ガチャッ
!?
ばーーん!!
よ~く見てね♥
上下運動
ピキッ
人間はびっくりし過ぎると声が出ないのである。
2回目
今の私だったら、
カシャカシャ
車のナンバーも覚えました!警察にこの写真を持って行きます!!
と言えたかもしれませんが、
逃げるしかできなかった若き日の私!
ぎゃあああ
下手したら車に引きずり込まれてもおかしくない状況!気をつけないといけませんね。

痴漢の行動パターン②
ねえ君！
お金欲しくない？
今穿いてるパンツ売ってくれたら5千円払うよ！
えっ嫌です！
◆交渉タイプ◆何故か若い人が多かった
じゃあもう百円プラスするから売って！ね？
ダメ？じゃあ写真撮らせて！
誰が売るかよ
ばーか
この痴漢、色んな場所に出没していたらしく、
昨日ブルセラ男に声かけられた！
写真付きで3千円て言われた〜
えー私は千円だよ
ムカッ
容姿で値段が変わるようでした。
ちょっと可哀想だったのが、
うっうっ
昨日学校帰りに・・・・・・
人けのない道を歩いていたら
ドキ
ドキドキ
ねえ君パンツ・・・
おわっ！ビックリした！男じゃねーか
って・・・ひどいでしょ
ベリーショートで当時男の子っぽく見えていた友達。
スカート穿いてたのに
その痴漢目が悪かったんだよ!!
ねっ
予想外の方向から傷つけられたのでした。

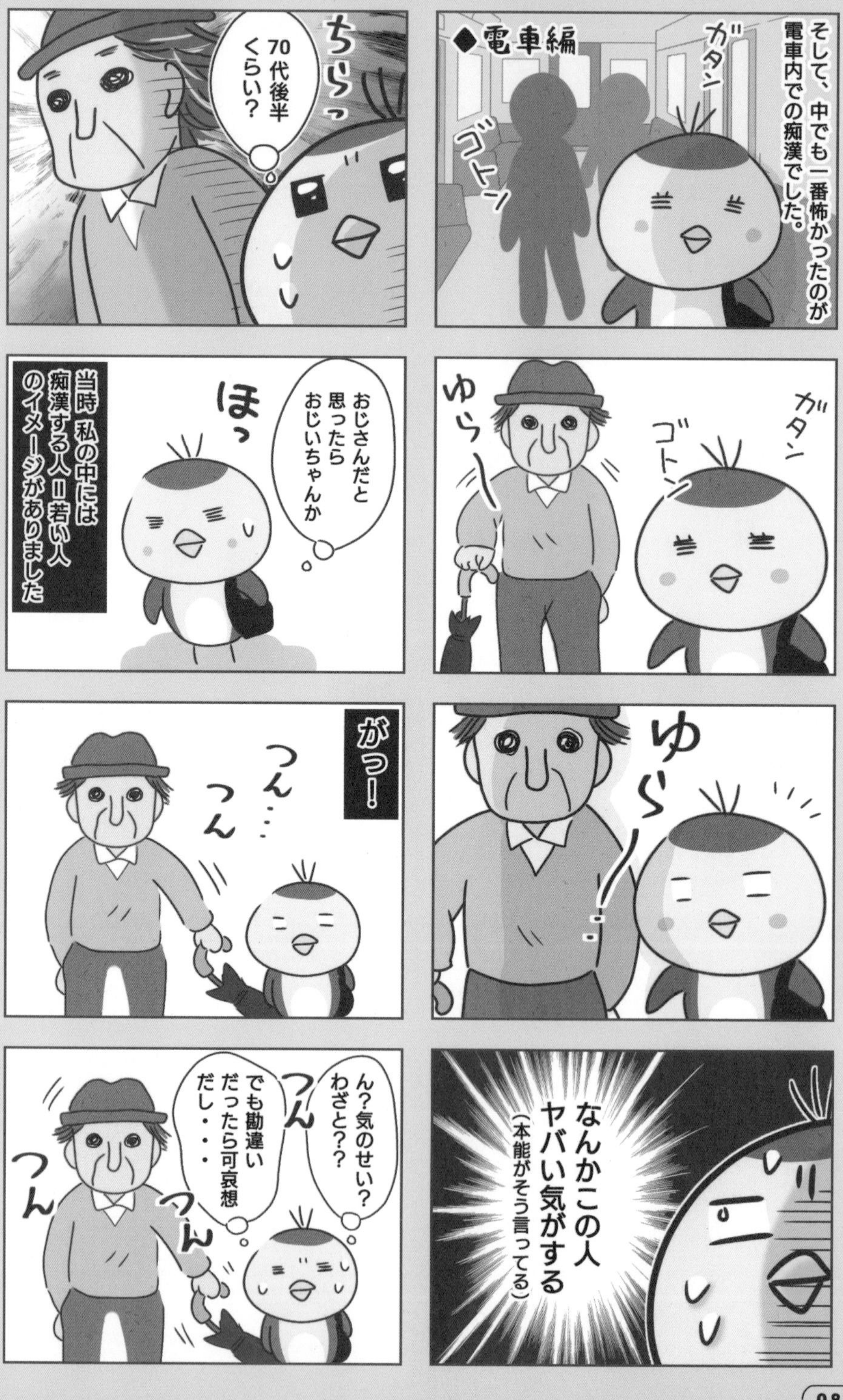

◆電車編
そして、中でも一番怖かったのが電車内での痴漢でした。
ガタン
ゴトン
ちらっ
70代後半くらい？
ガタン
ゴトン
ゆら〜
おじさんだと思ったらおじいちゃんか
ほっ
当時 私の中には痴漢する人＝若い人のイメージがありました
ゆら〜
がっ！
つん…
つん
なんかこの人ヤバい気がする
（本能がそう言ってる）
ん？気のせい？わざと？？
でも勘違いだったら可哀想だし・・・
つん
つん
つん

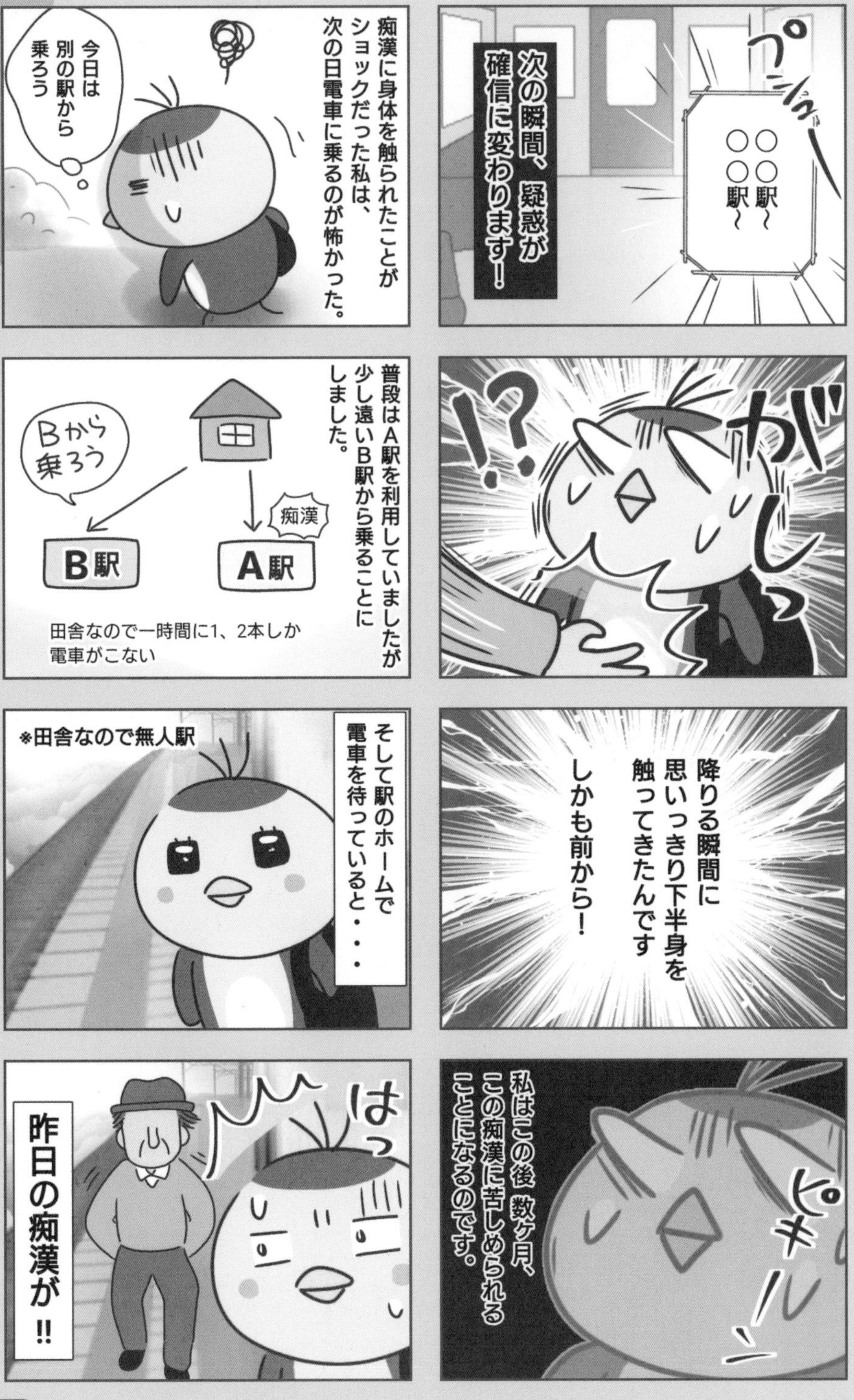
プシュ〜
○○駅〜
○○駅〜
次の瞬間、疑惑が確信に変わります!
がしっ
!?
降りる瞬間に思いっきり下半身を触ってきたんです
しかも前から!
ピキーン
私はこの後 数ケ月、この痴漢に苦しめられることになるのです。
痴漢に身体を触られたことがショックだった私は、次の日電車に乗るのが怖かった。
今日は別の駅から乗ろう
普段はA駅を利用していましたが少し遠いB駅から乗ることにしました。
Bから乗ろう
痴漢
B駅
A駅
田舎なので一時間に1、2本しか電車がこない
そして駅のホームで電車を待っていると・・・
※田舎なので無人駅
はっ
昨日の痴漢が!!

私の目の前を通り過ぎるタイミングで
…
何食わぬ顔をしながら、
ゆっぺおはよー♪
ポロリして見せてきたんですーーーーっ!!
うわぁぁぁ
ポロ～ン
女神降臨！
一緒に行こう
ぱぁぁぁぁ
なんでいるの～ッ!?
ピ
逃げたくても足がすくんで動けない
キッ
友達の登場により痴漢はそそくさと逃げていきました。
ささっ
ほっ
声を出さない私を見てさらに近づいてくる痴漢
と、その時
じり
じり
…
ゴゴゴゴ

私は家族にも友達にも痴漢のことは言えませんでした。
恥ずかしい
毎朝、電車に乗るたびあの痴漢がいないかチェックするようになりました。
○○駅
キョロ
キョロ
キョロ
ほっ
今日はいな・・・
キィィ
いたぁーーーっ
バタン
逃げろぉぉ
ぬっ
にゃ
にゃ
ついてきたぁーーー!?
ぎょっ
あゆっぺ!
!
おはよー
おはよぉぉぉー
心の友~!!
ぱぁぁぁぁ

友達がいるので
近寄ってこない痴漢
よかった
友達が一緒の間は安心だな
すっかり油断していると、
プシュ
○○駅〜
○○駅〜
だめ
デジャヴー!!
またもや降車の瞬間に下半身を触ってきたんです――――――――っ!!
がしっ
・・・・
友達に見られた。。。
ダサッ
恥ずかしい
カァァ…
恥ずかしさでいっぱいの私は友達の顔を見ることができませんでした。
・・・・
・・・・
そして無言のまま電車を降りると、
あのジジイ
許さねえ!!
友達がめっちゃキレてました

私は友達に全てを話しました。
すっ
触られたのは2回だけど待ち伏せされてアレを見せてくるのはほぼ毎日・・・
何がしたいのかわからない
シャーッ
この針でヤツの尻をぶっ刺す
何がしたいとかじゃなくて単にゆっぺの嫌がる顔が見たいだけなんだよ!!
嫌がる顔を見て興奮するクソジジイなんだよ!!
お年寄りだよ!? 可哀想だよー
大丈夫尻だから
だだだって
ふっ
でも高齢者だし・・・
子どもだろうがジジイだろうが変態は変態だ!
こらしめてやる!!
刺されたショックで死んじゃったらどうするのぉ――――っ!!
アホかー!! 尻に刺したくらいじゃ死なんわ!!

そんな甘いこと言ってるから痴漢がつけあがるんだよ!?
何も悪くないゆっぺが何で泣き寝入りしてるわけ!?
作戦会議
普段通りゆっぺは駅のホームで待機
おかしいだろうが!!
ジジイが現れて
ブツを見せてきたら、
ポロリ〜ン
そ、そうかそうだよね
私は被害者だよね
触ってきた瞬間に刺しちゃる!現行犯逮捕だ!
隠れていた友達が気付かれないように背後にまわり・・・
すすすっ
目には目を!痴漢には尻刺しの刑を!
成敗いいい!
※脳内イメージです

○○駅
次の日
こそっ
私ここに隠れてるから来たら教えてね
チャラリ〜
チャチャチャ〜
チャララ〜
BGM↗必殺仕事人
すっ
何も知らない痴漢がやってきました。
来たっ
でやあああああああ
戦闘開始!
おっと
!!
ス
ガッ
すっ
すすす…
びたーん!?

むくっ
…
プチッ
いあ゛ああああ
あ゛ー
びくっ
あ゛あ゛あ゛あ゛あ゛あ
あせあせっ
逃。
突然の大声に驚き、慌てて逃げようとする痴漢！
その時!!
よろよろっ
おっとっ…
有刺鉄線
とっ
ガシャン
うわあぁぁあ
!!

なんと！ よろけたはずみでズボンが有刺鉄線に絡まり取れなくなってしまったのです！
ひっ
けっ
みんなに見られて恥ずかしいだろうね
ザマミロ
局部丸出しのままもがく痴漢・・・
じーーっ
…
尻刺しの刑は未遂に終わりましたが思わぬ形で復讐できたのでした。
何？どうしたの？
何？
この日を境に、あの しつこかった痴漢はぱったり姿を見せなくなりました。
よっぽど恥ずかしかったんだろうな
沢山の人だかり
カアア…ッ
ざわ
ざわ
ざわ
ちょっと可哀想だったね
痴漢加害者に同情の余地なし
可哀想なのは被害者だけ！

子どもと一緒に「性」について学ぼう！
「性教育の入門」におすすめの本

性教育といっても、おうちで何から教えたらいいの？と最初は戸惑ってしまいますよね。
公認心理師・臨床心理士の鶴田信子さんに聞いた、性教育の入門におすすめの本をご紹介します。

『子どもを守る言葉「同意」って何？ YES、NOは自分が決める！』

著：レイチェル・ブライアン
訳：中井はるの
集英社（2020年）

著者のレイチェル・ブライアンさんが、7歳の娘に「学校で突然、男の子からキスをされた」と伝えられたことをきっかけに制作した本書。自分を守り人を傷つけないために大事な「同意」と「境界線（バウンダリー）」について、かわいいイラストでわかりやすく説明しています。境界線はひとりひとり違うこと、境界線を越えて嫌なことをされたら「嫌だ」と言ってもいいことなど、同意と境界線を大人も学べる一冊です。

『おうち性教育はじめます 一番やさしい！ 防犯・SEX・命の伝え方』

著：フクチマミ、
村瀬幸浩
KADOKAWA（2020年）

家庭での性教育について、「何をどこまで教えればいいんだろう」「私が教えるのは無理」と悩む保護者は多いのではないでしょうか。そんな保護者の気持ちにとことん寄り添い、性にまつわる「こんなとき、どうすればいいの？」の解決策をかわいい漫画で楽しく説明しています。本書では、おうち性教育を「子どもを守るための教育」と定義。SEXの話から性犯罪の話まで幅広く取り扱い、子どもたちがこれからを生き抜く力を養います。

『あっ！ そうなんだ！ 性と生 幼児・小学生そしておとなへ』

編著：浅井春夫、
安達倭雅子、
北山ひと美、
中野久恵、
星野恵
絵：勝部真規子
エイデル研究所（2014年）

体の仕組みだけではなく、人を好きになることやジェンダー、性被害、死など、「生きる」という幅広い視点で「性教育」が書かれています。「赤ちゃんはどうやってできるの？」など、性に関する子どもの疑問に対し、具体的な絵と言葉で説明がされているので、この本を手に子どもの「なんで？」に答えることができます。本の後半は大人向けの解説ページになっており、子どもと本書を読む際のポイントやアドバイスもついています。

鶴田信子さんより

プライベートパーツや境界線、家庭の多様性、人権の問題を説明する中のひとつに性教育があります。ご紹介した書籍にはこれらのことが包括的に書かれているので、まずは大人が自分で学び、そして子どもと話し合ってみてください。

中1
伝わらない
性教育

筆者・ゆっぺの友人ぐり子さんの中学生の娘・パピコさんが学校から帰宅後こんなことを言ってきたそうです。
今日の授業全然意味がわからなかったんだよね
何の教科?
たぶん道徳??
グループで感想言い合ったんだけど皆もちんぷんかんぷんでさー
えーお母さんに聞かせてよ
ぐり子
娘の話はこうです・・・。
今から、あるお話を読みます
後でグループごとに感想を出しあってもらいますから、考えながら聞いてくださいね~
A君とB子さんは好き同士です。二人は付き合っていました。
Aくん
B子さん
ある日、A君の家にB子さんが遊びに行くことになりました。
今度の日曜日家に来ない?
楽しみ!
手作りクッキー持っていこう♪
るんたった~
A君はB子さんが遊びに来る前に、本やネットで性について勉強しました。
ふむ ふむ
そして日曜日。
好きだよ
A君はB子さんを抱きしめました。
B子さんは、ショックを受けて泣きながら部屋を飛び出していきました。
わあぁあぁ～

皆さんはこの話を聞いてどう思いましたか?
先生
B子さんは何故泣いたのでしょうか?
グループになって感想を話し合ってみてください
ぽか〜ん..
・・・?
・・・?
パピコが何の授業かわからないと言ったのは「性教育」でした。
ざわ
??
ざわ
しかし子供たちは、**表現が曖昧すぎて理解できなかった**のです・・・。
B子さんはA君が好きなのに、何で泣いたの?
泣くってことはA君のこと好きじゃないんじゃない?
最多意見がこれ→
なら付き合わなきゃいいのにね???
この授業で伝えたかったことは「ネットで間違った性の知識を得ない」のようでした。
ネットに書かれていることは嘘も多くあります
信頼できる大人に相談しましょう
しかし授業ではその「性の知識」が何なのか伝えられなかったため子供達は何がいけないことなのか理解出来ませんでした。
パピコは何で意見出したの?
わからん! 泣くくらいなら付き合わなきゃいいのにって思った
ギューされたくらいで泣くことないじゃん
なるほどじゃあさ、
A君がB子さんのおっぱい触ったり
しかも無理矢理!
パンツ脱がせようとしてきたらどう思う?
うげぇーっ!!
きもぉーーーっ!! 絶対嫌!!
無理矢理!? そうじゃなくても嫌!!!
でしょ、多分B子さんはそーゆーことされたんだと思うよ?

先生が言うネットで得る性の知識っていうのは、間違ったものが多いんだよ
本当は嬉しいんだろ
AVではこうしてたっ
恥ずかしいから嫌がってるフリしてるだけだ
女性が痛め付けられてるのに喜んでるような内容だったり、
性暴力を肯定するようなことも書かれてるからね
パピコはまだ中学1年生だから早いと思うかもしれないけど
男の子達は興味津々だと思うよ！
興味を持つことは正常なことだけど間違った知識を持つのは危険なの
相手が望まない性的関係は強要しない!!
あと嫌われるのが怖くて我慢して従う必要はない!!自分の身は自分で守ること
しかし、今まで気にしてなかったけど性教育って曖昧なんだな・・・
時代は令和だというのに…
人任せにせず親の私が教えてあげなきゃ!!
うーん…
改めて家庭での性教育の大切さを実感したぐり子さんでした。

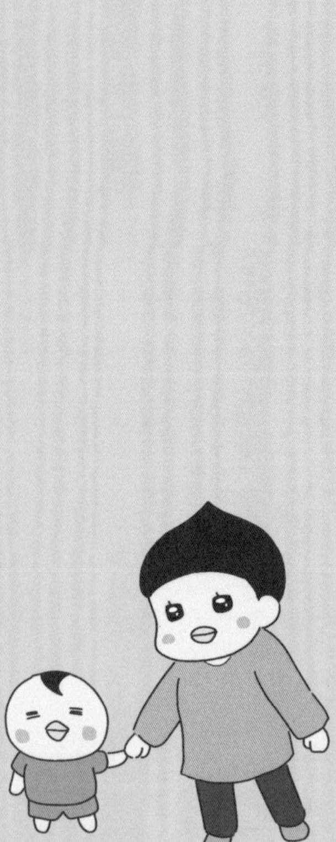

思春期の子どもと話し合おう！

大切な性行為と妊娠・出産のこと

答えてくれた人：公認心理師・臨床心理士　鶴田信子さん

思春期の子どもへの性教育、どこまで伝えたらいいの？

小学校3～4年生くらいになったら、子どもたちにぜひ改めて教えてあげてほしいことが2つあります。

1つ目は、人との「境界線（バウンダリー）」のお話（32ページ参照）です。自分の心と体は自分だけの大切なものであるという境界線はひとりひとりが持っていて、人の嫌がることをするのは、その境界線を侵して傷つける行為。

異性への興味も出てくる思春期だからこそ、**他の人の「境界線」を越えるときには「○○してもいい？」と質問し、同意を得る必要があることを伝えましょう。**

そして2つ目は、「妊娠に関する知識」です。女の子に生理がきて妊娠が可能な年齢になる前には、正しく知っている必要があります。

妊娠の知識がないと、子ども自身が万一妊娠したときにその事実に気づくことができず、中絶ができない期間になってしまう…という事態も起こり得ます。

思春期の性教育で気をつけることは？

注意したいのは、**子どもに不安を与えない伝え方**です。中絶や病気などのリスクを教えるのも大切なことですが、そればかりを強調してしまうと子どもが不安を感じてしまい、性行為を「悪いこと」だと認識しかねません。

そうではなく、**性行為は本来とてもすばらしい行為で、生命を育み、人との親密なコミュニケーションを慈《いつく》しむ大事なもの**だということも、同時に伝えてあげてください。

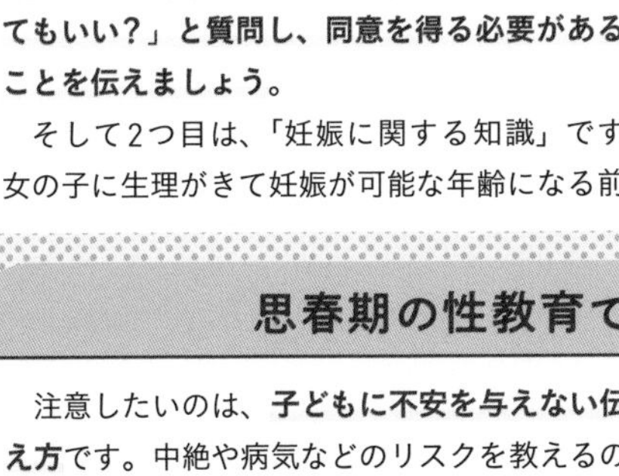
A君とB子さんは好き同士です。二人は付き合っていました。
Aくん
B子さん

その上で、「妊娠・出産をするためには、子どもを育てられるかや、育てるためにお金を稼げるかという問題がセットになっているんだよ」ということも説明します。

未就学児のうちから**プライベートパーツ（81ページ参照）や境界線、家庭の多様性、人権の問題を教えていき、それらを基盤に、生殖の話に入る**ことが自然だと思います。低学年のうちから家庭で話せる環境をつくり、段階を踏んで話し合ってみてはいかがでしょうか。

「性教育が大事」というよりも、**命の大切さ、人権について考え、話し合うことが大切**なのだと思います。

もしも自分の子どもがいじめにあっていたら…

答えてくれた人：公認心理師・臨床心理士 鶴田信子さん

わが子がいじめられている！ そんなとき親はどうする？

まずはお子さんに**「あなたは悪くない」ということを伝えてあげてください**。いじめを受けているとわかったら、二度と被害にあわないための安全の確保がまず必要です。

子どもは「黙っていてほしい」「告げ口をしたらもっと大変なことになる」と恐れます。ですが大人として、親として、**「子どもを守るのは大人の責任で、見過ごすことができない問題である」**ことを伝えます。そして子どもの了解を得た上で、担任やスクールカウンセラー、養護教諭に相談をします。いじめをする子どももまた、支援やケアを必要としている可能性があります。

親は子どもを信じ、子どもの意思を尊重してあげてください。親も、怒りや悔しさなどさまざまな感情がこみ上げてくるかもしれません。でも、**勝手に自分の気持ちだけで突っ走らないように注意が必要**です。

子どもはなんらかのタイミングでぽろっと辛さを出すので、そのときに話を聞き、「それは辛かったね」と受け止め、感情を言葉にしてあげます。

子どものいじめ。親として「やってはいけないこと」は？

いじめについて、当事者でない人が「よくあること」「大した問題じゃない」なんて言ってしまうことがあります。特に、いじめられた経験があってもその後に健康的な生活を送っている親の場合、「大丈夫」「いじめで強くなる」という考えを持ちやすくなります。

ですが、**いじめの体験はその後の成長に影響が出るという調査データがあります**。性暴力を含め、いじめはいかなる内容でも起きてはならないことであり、被害にあった場合にはケアが必要です。

また、いじめにあった場合に引っ越しを子どもに提案する保護者もいます。でも、心身にダメージを負っている子どもが新しい環境に行くというのは、相当な負担がかかると思ってください。**子どもにとってどうすることが良いかは、子どもの気持ち抜きで決めないように**してください。

漫画では、子どもがいじめを受けても「ママ友同士の関係が悪くなるから事を荒立てたくない」と言うママが登場しました。大人同士の人間関係を大切にしたい気持ちはわかりますが、親の都合で振り回されている子どもは心に大きな傷を負うことを忘れないでほしいです。

親だけで解決しようとせず、専門家の支援やケアを受けて

「親だけで抱え込まない」ということも非常に大切です。相手の親にどう対応していくか、子どもとどう関わるかなどの問題を、**家庭内だけで解決する必要はありません**。専門家の力を借りるべき大変な事態なのだと認識して、**親も支援やケアを受けてください**。専門家、具体的にはスクールカウンセラーや自治体の教育相談窓口、子ども家庭支援センターなどに相談し、この事態に自分がどう動くことが子どもにとって良いのかを**「子ども第一」で「一緒に」考えていきましょう。**

いじめに関する無料の相談電話の一例

- **弁護士会の子どもの人権に関する相談窓口一覧**：全国各地の弁護士が無料の電話相談に乗ってくれる。
https://www.nichibenren.or.jp/legal_advice/search/other/child.html
- **こども相談室**：東京公認心理師協会に属する公認心理師、臨床心理士による、無料の相談電話。
https://www.tsccp.jp/k-s/

子どもが
いじめられたら
親はどうする？

今から数年前のお話です。
下の子を保育園に迎えに行った帰りの出来事でした。
長女（小学2年生・8歳）の下校時間と重なるので、一緒に帰ろうと思い待っていると・・・
はー
どっこいしょっと
次！○○ちゃんの番ね!!
声の方に目をやると、リーダー格の女子が何やら友達に命令している様子でした。
次の人○○ちゃん
?
そしてその先に、長女ニコの姿が見えました。
何してるんだろう??
おーいっ
びくっ
ニコ〜！一緒に帰ろー
ありゃ？なんか暗いな
とぼ…
よく見ると、
とぼとぼ…
う…
おかあさん…
うぅっ
涙を必死にこらえる長女の姿が・・・!!

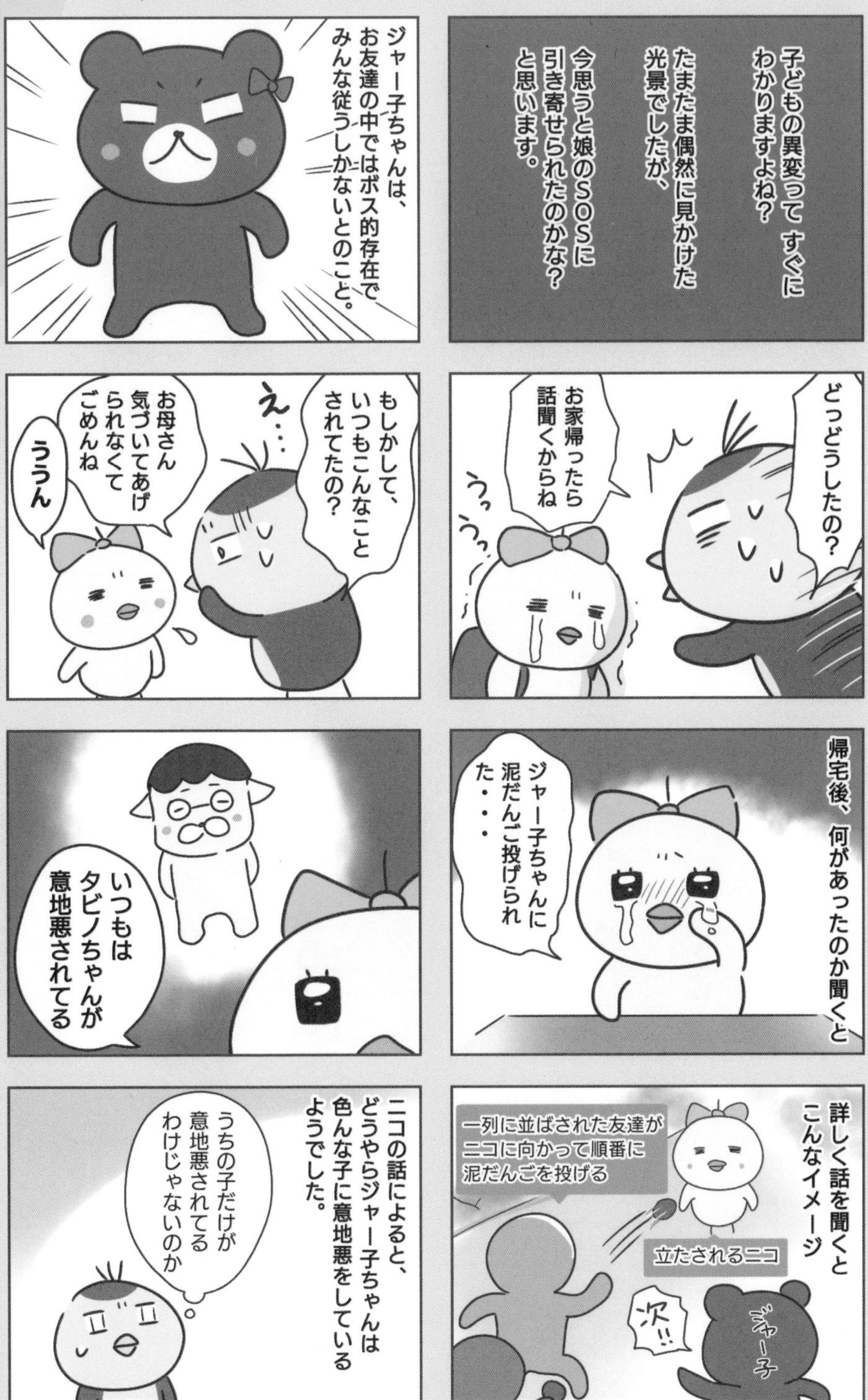
子どもの異変って すぐにわかりますよね？
たまたま偶然に見かけた光景でしたが、
今思うと娘のSOSに引き寄せられたのかな？と思います。
ジャー子ちゃんは、お友達の中ではボス的存在でみんな従うしかないとのこと。
どっどうしたの？
お家帰ったら話聞くからね
うっうっ
もしかして、いつもこんなことされてたの？
え・・・
お母さん気づいてあげられなくてごめんね
ううん
帰宅後、何があったのか聞くと
ジャー子ちゃんに泥だんご投げられた・・・
いつもはタビノちゃんが意地悪されてる
詳しく話を聞くとこんなイメージ
一列に並ばされた友達がニコに向かって順番に泥だんごを投げる
立たされるニコ
次!!
ジャー子
ニコの話によると、どうやらジャー子ちゃんは色んな子に意地悪をしているようでした。
うちの子だけが意地悪されてるわけじゃないのか

タビノちゃんはおとなしい女の子。
度々ジャー子ちゃんから意地悪をされているそうです。
最初はタビノちゃんが泥だんご投げられてて私も投げるように命令されたけど
嫌だって言ったらジャー子ちゃんが怒って意地悪してきたの・・・
そうだったんだ偉いね！ニコは従わなかったんだね！
いじめは絶対にいけないよ。
うん
タビノちゃんママはタビノちゃんが意地悪されてること知ってるのかな？
教えたほうがいいかな？
多分知ってる
えっ？そうなの⁉
じー…
だってタビノちゃんが意地悪されてるところタビノちゃんママ見てたもん
えっ⁉
⁉？
見てただけ⁉
うん
そうなんだ？？
そんな事あるかな？
両方の意見を聞かないとわからないな
明日タビノちゃんママに直接聞いてみよう

次の日ー・・・
タビノちゃんママこんにちはー！
こんにちは
来週からクラブ活動始まりますね
さりげなーく
タビノちゃん元気にしてますか？
それがね、最近学校に行きたがらなくて困ってるのよ
いじめられてて
やっぱり知ってたんだ
誰からいじめにあってるのかご存じなんですか？
知ってる知ってる
はあっ
でもママ友とは揉めたくないでしょう〜？
主犯はどうやらジャー子ちゃんなんだけどねぇ
あの子のママすごいキツイ性格してるでしょ
ジャー子ちゃんママ・・・
ジャー子ちゃんママと私は直接話したことはなく、参観日で顔を合わせる程度でしたが
性格はキツイともっぱらの噂だったので、怖いイメージがありました。

私 ジャー子ちゃんママとは話したことないんですけど
そんなにキツイ性格してるんですか?
私も話したことないけどね~
先生には連絡帳に書いたんだけどわかりましたって返事が来ただけで終わり!
タビノはねぇ
先生は何もしてくれないからジャー子ちゃんママにいじめのこと伝えてほしいって言うんだけど
え?
話したことない?
でも
あの風貌だもん!絶対性格悪いって!!
だからね
でもママ友ともめたくないでしょ?
話したこともないのに性格悪いって決めつけるのもな~
でもよく考えたら私も噂を鵜呑みにしちゃってたな
う~~ん
我慢しなさいって言ってるの
それでタビノちゃんはなんて言ってるんですか?
先生には相談しました?
こくっ
が・・・我慢ですか?

あと半年したらクラス替えがあるでしょ？
それまでの辛抱だから我慢しなさいって言い聞かせてるのよ
長女の小学校は6年間のうちに何回かクラス替えがあります。
でもクラス替えしてもまた同じクラスになる可能性もあるんじゃ・・・
そう！だから今から先生にお願いしようと思ってね!!
同じクラスにして欲しくない友達の名前を書き出して先生に渡すつもり!!
ジャー子
〇〇代
△×男
もしまた同じクラスにしたらタビノは学校に行けなくなるって脅してみるしかないわ!!
とりあえずママ友とは揉めたくないから！
今は我慢させるしかないのよね～
じゃそろそろ行くね～
・・・・・・。
タビノちゃんは「今」つらい思いをしていてお母さんに助けを求めているのに半年も我慢させるのか・・・
ママ友を敵にまわしたくない気持ちもよくわかるけど、なんだか可哀想だな・・・

うーん…
こんにちはー
ママ友A
今タビノちゃんママと話してたよね？
もしかしてお友達に意地悪されてるって話？
はあっ
てかさ〜クラス替えで希望なんか通るわけないじゃんね！
モンペだよモンペ!!
学校がいちいち保護者のワガママ聞いてたらそれこそ問題だよ！
そうだよねぇでも先生には一度話してみたほうがいいと思うけどな
無駄だよ
あの担任自己保身ばかりで生徒の揉め事は見ないふりするから
えっそうなの⁉
うんそんな噂聞いたよ
校長目指してんだか何だか知らないけどクラスに問題があると自分の評価が下がるから見ないふりしてるらしいよ
そうなんだぁ・・・
それって誰情報？？？

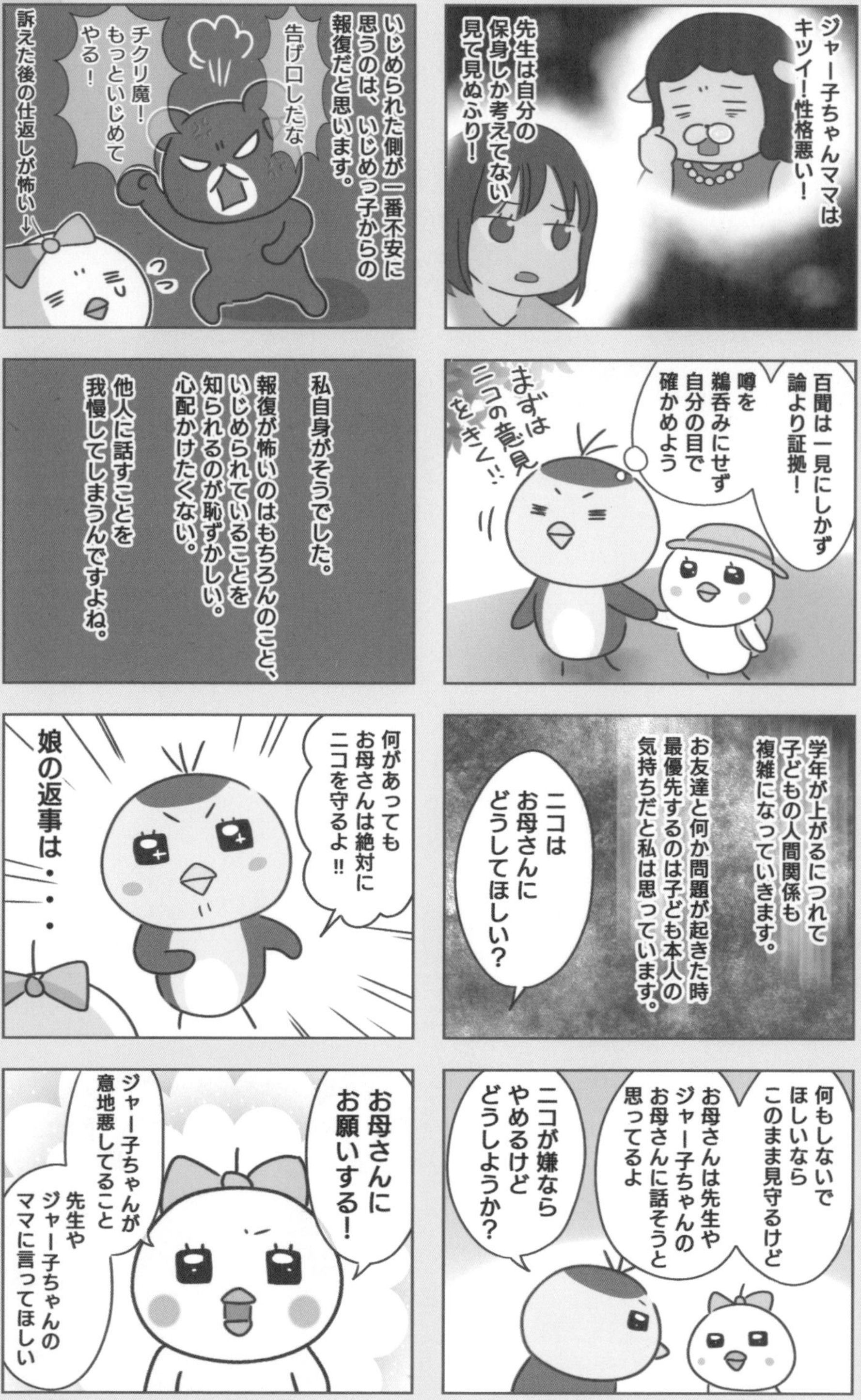
ジャー子ちゃんママはキツイ！性格悪い！
先生は自分の保身しか考えてない見て見ぬふり！
いじめられた側が一番不安に思うのは、いじめっ子からの報復だと思います。
告げ口したな
チクリ魔！もっといじめてやる！
訴えた後の仕返しが怖い↓
百聞は一見にしかず論より証拠！
噂を鵜呑みにせず自分の目で確かめよう
まずはニコの意見をきく!!
私自身がそうでした。
報復が怖いのはもちろんのこと、いじめられていることを知られるのが恥ずかしい。心配かけたくない。
他人に話すことを我慢してしまうんですよね。
学年が上がるにつれて子どもの人間関係も複雑になっていきます。
お友達と何か問題が起きた時最優先するのは子ども本人の気持ちだと私は思っています。
ニコはお母さんにどうしてほしい？
何があってもお母さんは絶対にニコを守るよ!!
娘の返事は・・・
何もしないでほしいならこのまま見守るけど
お母さんは先生やジャー子ちゃんのお母さんに話そうと思ってるよ
ニコが嫌ならやめるけどどうしようか？
お母さんにお願いする！
ジャー子ちゃんが意地悪してること先生やジャー子ちゃんのママに言ってほしい

わかった
じゃあ今から先生にお話してもいい?
うん
娘の了解を得たところですぐに学校に電話をしました。
ドキドキ
ニコの母です担任の○○先生にお取り次ぎお願いいたします
お世話になります
・・・・
・・・・
ということがありまして先生にご相談させていただきました
そうでしたか
先生の返事はー。。。
まぁまだ子どもですからね笑
!?
ははは
そういうじゃれ合いも多少なりともありますよ!
元気な子がいるので誤解されやすいですがお母さんが心配するようないじめとは違うと思います
うちのクラスはみんな仲良しですよ
先生は自分の保身しか考えてない見て見ぬふり!
噂通りの対応だった。
お言葉ですが先生

娘は泣くほど
辛かったのに
ただのじゃれ合いだから
我慢しろってことですか⁉
私は自分の目で見た
事実をお伝えしていますが
じゃれ合いには
見えませんでしたよ⁉
お母さんが
おっしゃりたい
ことは分かります
不安ですよね
でもニコちゃんなら
大丈夫ですよ！
きっと仲良くできる
はずです‼
まるでうちの子が
仲良くしてないみたいな
言い様・・・
ニコは
みんなと仲良く
してますよ？
他にも悲しい思いを
しているお友達が
いるようなので
代表する形でお電話
差し上げたのですが
先生は何もして
くださらないの
ですか？
いえ
あまり事を大きく
すると良くないと
思いまして
わかりました
先生にお任せ
しようと思い
ましたが
ジャー子ちゃんの
お母さんには
私からお話しします
お忙しい中
お手間とらせてしまい
すみませんでした
ピッ
担任にお願いしても
状況は変わらないと思い
モンペ扱いされる前に
電話を切りました。
先生が守って
くれないのなら
自分が守るしかない‼

私はタビノちゃんママに全てを話し、意見を求めることにしました。
もしもし〜
先生に言っても変わらないようなので直接ジャー子ちゃんママに言おうと思います
タビノちゃんママはどうしますか?
えぇぇー!…
うちは揉め事は避けたいからいいわ
敵にまわすと何言われるか分からないから! タビノが我慢すれば済む話だから〜
ふーーっ
タビノちゃんママもまた、自分の保身しか考えていなかった。
我慢するのはお母さんじゃなくてタビノちゃんですよ?
あと半年だから〜
・・・
心を無にする
そうですか〜
わかりました〜 じゃあまた連絡しますね〜
ぼぇ〜
正義感ふりかざして他人の問題に口出しするのも良くないな
でも!
子どもを守るのが親の役目じゃないの?

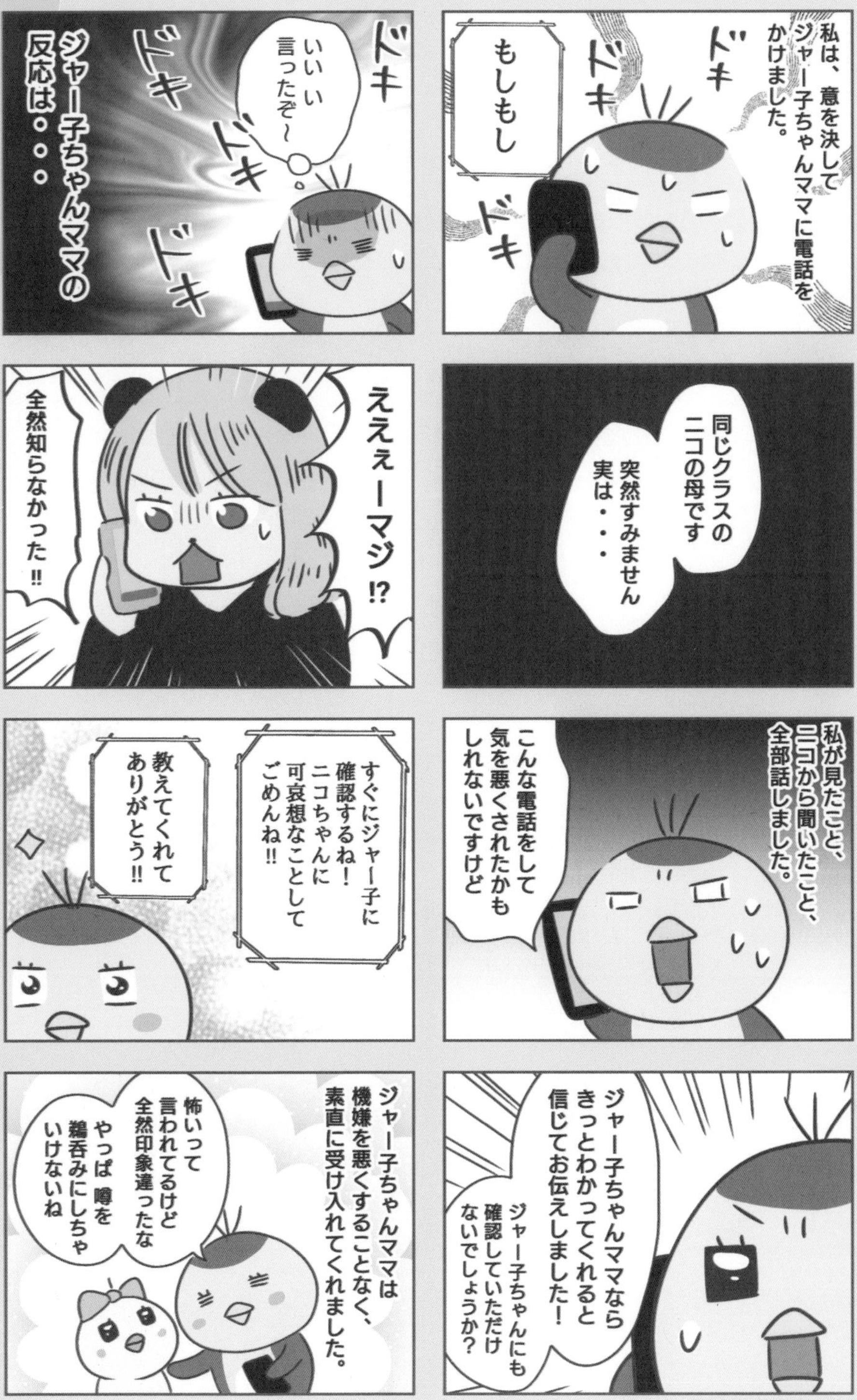

私は、意を決してジャー子ちゃんママに電話をかけました。
ドキ ドキ ドキ
もしもし
いいい言ったぞ～
ドキ ドキ ドキ ドキ
ジャー子ちゃんママの反応は。。。
同じクラスのニコの母です
突然すみません実は・・・
えぇぇーマジ!?
全然知らなかった!!
私が見たこと、ニコから聞いたこと、全部話しました。
こんな電話をして気を悪くされたかもしれないですけど
すぐにジャー子に確認するね！ニコちゃんに可哀想なことしてごめんね!!
教えてくれてありがとう!!
ジャー子ちゃんママならきっとわかってくれると信じてお伝えしました！
ジャー子ちゃんにも確認していただけないでしょうか？
ジャー子ちゃんママは機嫌を悪くすることなく、素直に受け入れてくれました。
怖いって言われてるけど全然印象違ったな
やっぱ噂を鵜呑みにしちゃいけないね

よしっ 次は・・・
ジャー子ちゃんに命令され いじめに加担していた子どもの 親にも電話しました。
「どうか怒らずに 子どもの気持ちを聞いて あげてほしい」
「命令されたからといって いじめに加担するのは 間違っていると お母さんから伝えてほしい」
全員に同じ内容を話したのですが 返ってきた返事は 皆違いました。
最初から うちの子は悪くない ってスタンスの親
優しいお母さんの イメージが大事な親
子どもの揉め事には 関わりたくないって親
そして、皆が口を揃えて 言った言葉が・・・
ジャー子ちゃんママを 敵にまわすと怖いよ!!
ふんっ
ママ友からの評価より 娘の方が大事じゃい!
悪口言いたきゃ 勝手に言えば いいわ!
ピンポーン♪
え?誰? こんな時間に ・・・
もしかして…
は〜い
ガチャッ
こんばんはー
さっきは電話 ありがとう ございました
ジャー子を 問い詰めたら 全部白状したよ
ニコちゃん 嫌な思いさせちゃって 本当にごめんなさい!!

ほらっ！ジャー子もちゃんと謝りなさい！
ごめんなさい
次の日ー・・・
こんにちはぁ！
ササッ
ねぇ本当にジャー子ママに電話したの⁉
ジャー子ちゃんは泣きながら謝ってくれました。
いいよ！謝ってくれてありがとう
ニコちゃんまた何かあったらすぐに言うんだよ
しましたよ
えぇえーっ⁉どうなっても知らないわよ
あの人 表面上は仲良しに見せて裏で絶対悪口言ってると思うわよ〜
ジャー子ちゃんママありがとうございました
子どものことに親が口出しするのはどうかとも思いましたけど黙っていられませんでした
その代わりうちの子が何かした時は遠慮なく言ってください
そう、これで終わりじゃない。
もしかしたら昨日の謝罪は見せかけで、この後ジャー子ちゃんママから意地悪される可能性も残っているのです。
もちろんだよお互い様だからね！
恨みっこ無しでお願いします笑
無事に和解することができ笑顔でバイバイしたのでした。
だとしても別にいいです！
子どもの前でちゃんと謝罪してくれたので
私がどう思われようとニコが安心できたのならそれでいいです！

強いわね〜
私はケンカしたくないからこのままでいいわ〜
じゃぁまたね
強いから言えるとか弱いから言えないとかじゃなくて
自分より子どもが大事だから言えただけだよ
ニコは大丈夫かな?
その後 娘が帰宅
ただいまぁ♪
おかえり!学校どうだった?
楽しかった♪
ジャー子ちゃんもう一回謝ってくれたんだよ
おぉ〜
晴れ晴れとした表情で帰宅する娘をみて心から安心しました。
よかったねー
この日を境にニコとジャー子ちゃんは仲良しになりました。
数年たった今でもその友情は続いています。
一方、私はというと・・・
げっ来週参観日じゃん
ジャー子ちゃんママや、いじめに加担していた子どもの親(私が電話した保護者たち)と顔を合わせることになります。

気が重い・・・
ズゥウン…
あからさまに無視されたらどうしよう
キリキリキリ
胃痛
あれから子ども達も仲良くしてるみたいですね
ありがとうございます
悪いのはこっちなんだから! こちらこそありがとうだよ
ドキ
ドキ
ドキ
ドキ
いや! ここで逃げたらいかんいかん!
ニコだって頑張ったんだから!!
つーん
ねぇ あれ見て
ひそ…
向こうから話しかけてくれるまで待つなんてことしてたら多分どんどん気まずくなる・・・
とりあえず笑顔になっとけば相手も(表面上だとしても)笑顔で返してくれるはず!!
私とジャー子ちゃんママが話している様子をママ友たちが興味津々で見ているのがわかった・・・
先手必勝おおおお
ジャー子ちゃんママ先日はありがとうございましたー!!
さっそく 噂好きなママ友が話しかけてきました。
たたたっ
ねぇ 何かあったの? ジャー子ちゃんのこと?

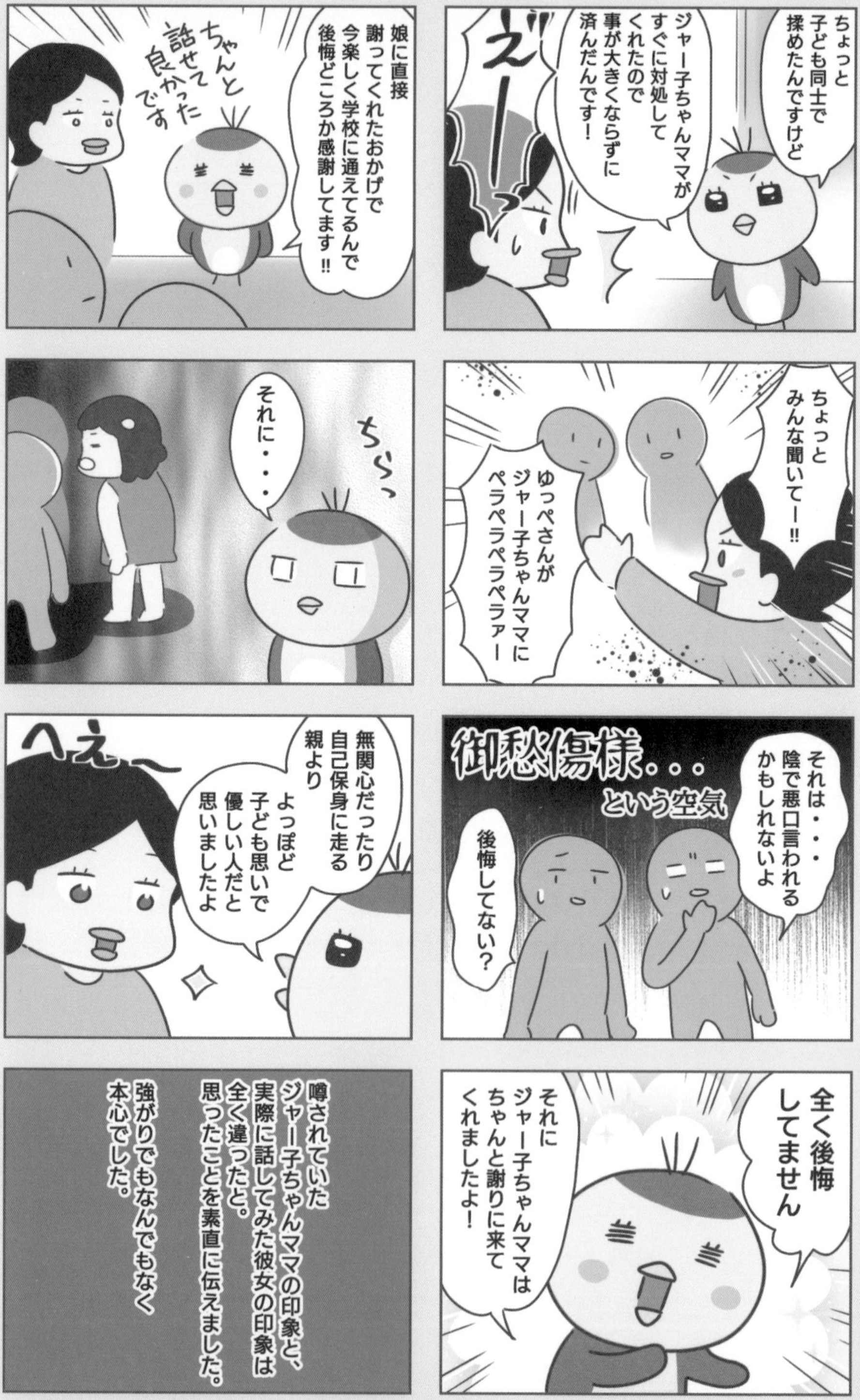
ちょっと子ども同士で揉めたんですけど
ジャー子ちゃんママがすぐに対処してくれたので事が大きくならずに済んだんです！
ズー！
ちょっとみんな聞いてー!!
ゆっぺさんがジャー子ちゃんママにペラペラペラペラァー
それは・・・陰で悪口言われるかもしれないよ
後悔してない？
御愁傷様・・・という空気
全く後悔してません
それにジャー子ちゃんママはちゃんと謝りに来てくれましたよ！
娘に直接謝ってくれたおかげで今楽しく学校に通えてるんで後悔どころか感謝してます!!
ちゃんと話せて良かったです
それに・・・
ちらっ
へぇ〜
無関心だったり自己保身に走る親より
よっぽど子ども思いで優しい人だと思いましたよ
噂されていたジャー子ちゃんママの印象と、実際に話してみた彼女の印象は全く違ったと。思ったことを素直に伝えました。
強がりでもなんでもなく本心でした。

私はこの一件があったことにより気持ちに大きな変化がありました。
それは、嫌われる勇気を持てたこと!!
ぱぁぁぁぁ
「公園デビュー」という言葉があるように、ママ同士の付き合いや交流に不安を感じる母親は多いと思います。私もその一人でした。
特に私は、長女のクラスでは一番若い母親だったので、何かと気を遣いながら過ごしていました。
私がママ友と関わる時間なんて、3ヶ月に1回の参観日に、年に数回の行事のみ。1日に換算すると ほんの数分のはず。
でも子どもたちは毎日学校に行き、1日8時間も過ごしているのです。
自分と子ども どちらが主役かなんて考えるまでもないですよね。
でも 子どもを守れるなら、周りから気が強いとか生意気だと思われても、別にいいやと思えるようになりました。
また誰かの噂してる 関わらないでおこう
ひそひそ
鈍感力!!
主役を自分にしてしまうと、自己保身に走ってしまうけれど・・・
出世が大事？
無責任
我慢するのは誰？
世間体
だって主役は子どもだから
親の私は、影武者でいいんです。
それから「ママ友」の定義って何？
子どもが同じ学年ってだけ
子どものために付き合っているのがほとんどで多くは卒業するまでの間柄です！

そこから真の友情が生まれることもあると思いますが
合わない人と必要以上に仲良くすることはない
「今だけの付き合い」と割り切って接してみるといいですよ！
吹っ切れたら、自分の意見はちゃんと言えるようになりました。
おつかれさま、
来週のPTA作業は誰が出ます？
あと
全員と仲良くして全員に好かれようとするのは絶対に無理!!
その後、タビノちゃんママ待望のクラス替えが行われ、ジャー子ちゃんとタビノちゃんは別のクラスになりました。
何故なら、「皆から好かれる人」が嫌いな人間もいるから。
好感度1位の芸能人にも必ずアンチはいる
がっ！
最近タビノがおかしいの
どよ〜〜ん
ママ友は、「ママの友達」じゃなくて「子どもの友達のママ」なので仲良くなれない人がいても気にすることない!! 大丈夫!!
学校
地元
SNS
ママ友
趣味
職場
本当の友達は他にいるもん
何があったんですか？
夜にね突然起き上がって
布団の上に正座したかと思うと

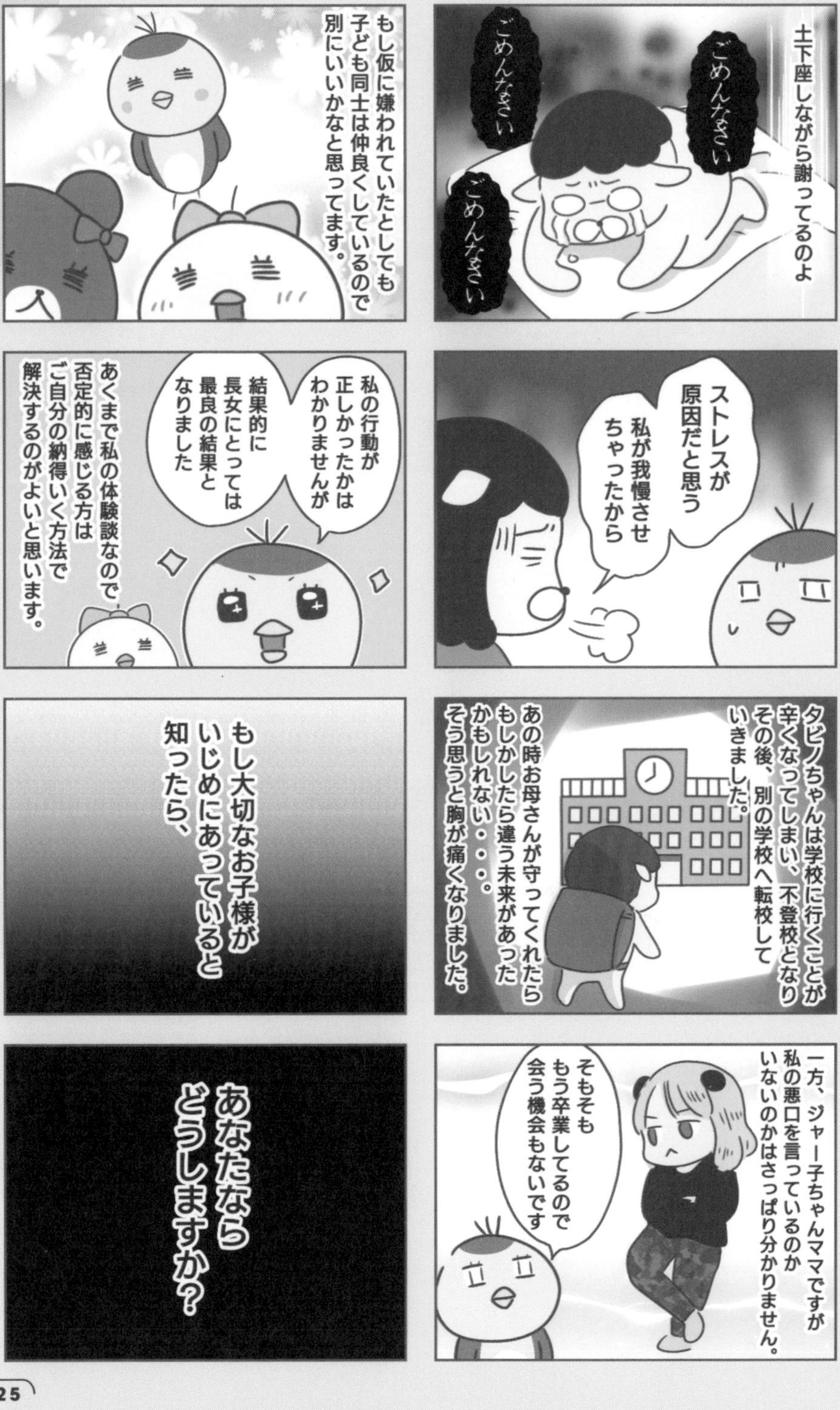
土下座しながら謝ってるのよ
ごめんなさい
ごめんなさい
ごめんなさい
ストレスが原因だと思う
私が我慢させちゃったから
タビノちゃんは学校に行くことが辛くなってしまい、不登校となりその後、別の学校へ転校していきました。
あの時お母さんが守ってくれたらもしかしたら違う未来があったかもしれない・・・。そう思うと胸が痛くなりました。
一方、ジャー子ちゃんママですが私の悪口を言っているのかいないのかはさっぱり分かりません。
そもそももう卒業してるので会う機会もないです
もし仮に嫌われていたとしても子ども同士は仲良くしているので別にいいかなと思ってます。
私の行動が正しかったかはわかりませんが
結果的に長女にとっては最良の結果となりました
あくまで私の体験談なので否定的に感じる方はご自分の納得いく方法で解決するのがよいと思います。
もし大切なお子様がいじめにあっていると知ったら、
あなたならどうしますか？

あとがき
ゆっぺです
ここまでお読みいただきありがとうございます！
個人のブログで連載していた漫画が
まさか本になるとはっ！
しかもメチャクチャ素敵なコラムまで!!
感無量です！
うううっ
これまで何度か電子書籍のお話はあったのですが、
いかがですか
紙じゃなきゃやりません
私はどうしても紙媒体で出したいという強い思いがありました。
悩んでいる人がいたら、
この本読んでみて
ってプレゼントしてあげられるような、
さりげなく机に置いて読んでもらえるような、
そんな本が作りたい。
今悩んでいる人にこの本を読んで、
私だけじゃなかったんだ
一人じゃないよ
と安心してもらえたら嬉しい。
誰かが悩んでいるときに、希望を見いだせるきっかけになれたら嬉しい・・・！
夢を叶えてくださった扶桑社さま。
！
♪ピロリ〜
本当に本当にありがとうございます！
お話をいただいたのが2022年の夏・・・
よろしくお願いします
よろしくおねがいします
オンライン打ち合わせ
発売予定日は数ヶ月も先だな余裕余裕♪

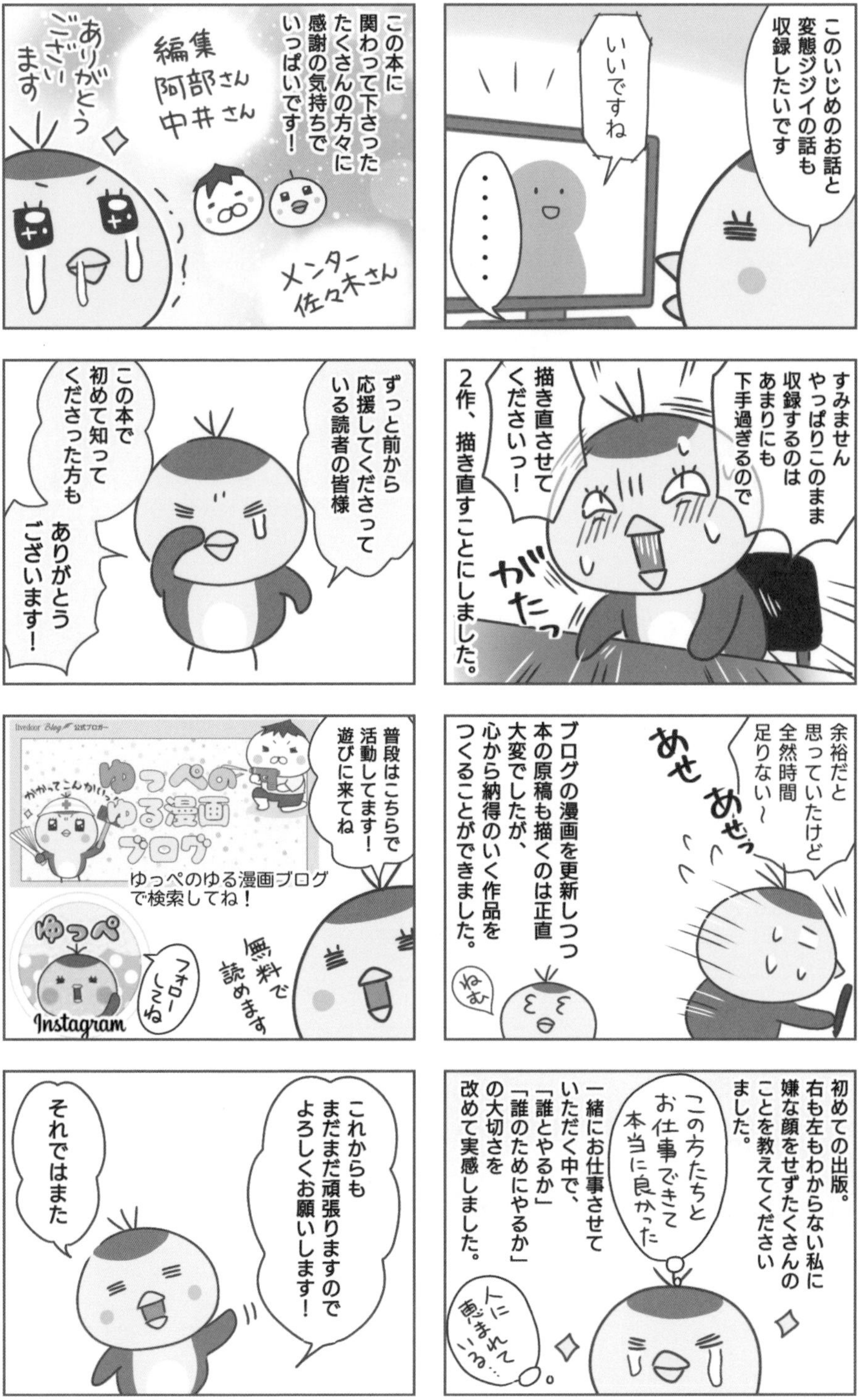
このいじめのお話と変態ジジイの話も収録したいです
いいですね
・・・・・・・
すみません やっぱりこのまま収録するのはあまりにも下手過ぎるので
描き直させてくださいっ！
がたっ
2作、描き直すことにしました。
余裕だと思っていたけど全然時間足りない〜
あせあせっ
ブログの漫画を更新しつつ本の原稿も描くのは正直大変でしたが、心から納得のいく作品をつくることができました。
ねむ
初めての出版。右も左もわからない私に嫌な顔をせずたくさんのことを教えてくださいました。
この方たちとお仕事できて本当に良かった
一緒にお仕事させていただく中で、「誰とやるか」「誰のためにやるか」の大切さを改めて実感しました。
人に恵まれている…
この本に関わって下さったたくさんの方々に感謝の気持ちでいっぱいです！
編集 阿部さん 中井さん
メンター 佐々木さん
ありがとうございます
ずっと前から応援してくださっている読者の皆様
この本で初めて知ってくださった方も
ありがとうございます！
普段はこちらで活動してます！遊びに来てね
livedoor Blog 公式ブロガー
ゆっぺのゆる漫画ブログ
ゆっぺのゆる漫画ブログで検索してね！
無料で読めます
ゆっぺ
フォローしてね
Instagram
これからもまだまだ頑張りますのでよろしくお願いします！
それではまた

5歳の私は、クラスの男子から性被害を受けました。
～なんで言わないの？～

発行日　2023年1月27日　初版第1刷発行

著者　ゆっぺ
発行者　小池英彦
発行所　株式会社 扶桑社
〒105-8070
東京都港区芝浦1-1-1
浜松町ビルディング
電話　03-6368-8874（編集）
03-6368-8891（郵便室）
www.fusosha.co.jp

編集　阿部彩子、中井友紀（女子SPA！編集部）
コラム取材・執筆　楠 悠里
取材協力　鶴田信子（公認心理師・臨床心理士）
校閲　小出美由規
装丁　細山田デザイン事務所
DTP　株式会社Sun Fuerza
印刷・製本　大日本印刷株式会社

定価はカバーに表示してあります。
造本には十分注意しておりますが、落丁・乱丁（本のページの抜け落ちや順序の間違い）の場合は、小社郵便室宛にお送りください。送料は小社負担でお取り替えいたします（古書店で購入したものについては、お取り替えできません）。

ISBN978-4-594-09315-0